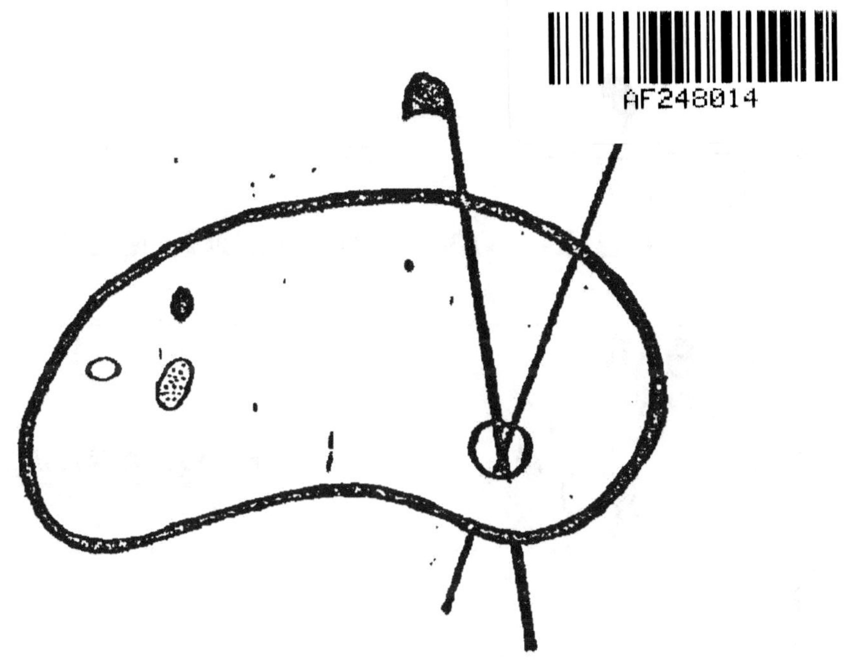

DEBUT D'UNE SERIE DE DOCUMENTS
EN COULEUR

QUESTIONS THÉOLOGIQUES

P. CHARLES

LA FOI

BLOUD & Cᵗᵉ

S. et R. 557

HISTOIRE GÉNÉRALE DE L'ÉGLISE

par F. MOURRET

Professeur d'Histoire Ecclésiastique
à l'École supérieure de Théologie Catholique de Paris.

L'ouvrage comprendra 8 vol. in-8 raisin.

Chaque volume forme un tout complet et se vend séparément.

Vient de paraître :

III. L'ÉGLISE ET LE MONDE BARBARE

du v⁰ au x⁰ siècle.

Prix : 6 fr., relié 7 fr. 25

Paraîtront prochainement :

Tome I. *Les Origines Chrétiennes*, du Ier au IVe siècle. — Tome II. *Les Pères de l'Église.* IVe et Ve siècles. — Tome IV. *La Chrétienté,* du Xe au XIVe siècle.— Tome V. *La Renaissance et la Réforme,* du XIVe au XVIe siècle. — Tome VI. *L'Ancien Régime,* XVIIe et XVIIIe siècles. — Tome VII. *L'Église contemporaine,* première partie. *La Révolution et l'Empire,* 1789-1815. — Tome VIII. *L'Église contemporaine,* deuxième partie, 1815-1909.

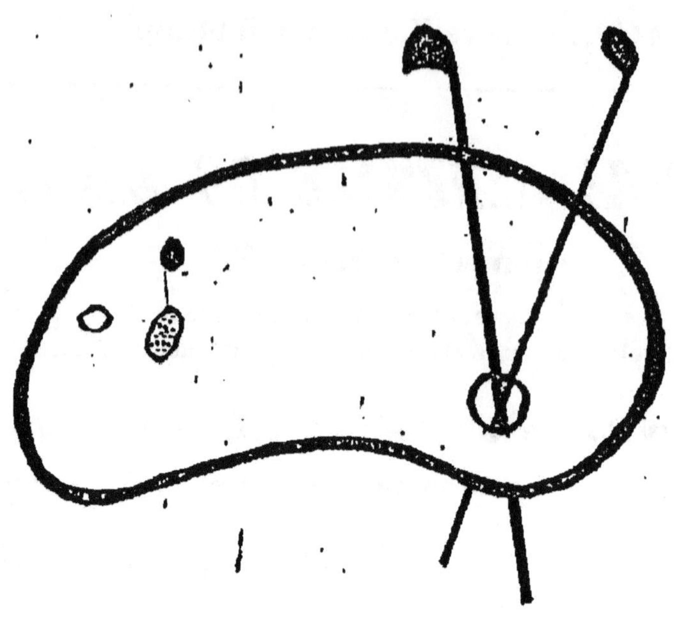

FIN D'UNE SERIE DE DOCUMENTS
EN COULEUR

QUESTIONS THÉOLOGIQUES

LA FOI

PAR

P. CHARLES

PARIS
LIBRAIRIE BLOUD & Cⁱᵉ
7, PLACE SAINT-SULPICE, 7
1 ET 3, RUE FÉROU — 6, RUE DU CANIVET
1910
Reproduction et traduction interdites

LA FOI

Nil obstat :

A. VILLARD.

IMPRIMATUR

Parisiis, die 23 Novembris 1909,

G. LEFEBVRE,
vic. gén.

LA FOI

CHAPITRE PREMIER

Nature et objet de la Foi.

La foi est une vertu surnaturelle, par laquelle, sous la motion et avec l'aide de la grâce, nous tenons comme certaines les vérités révélées par Dieu, mus par ce motif que Dieu ne peut ni se tromper ni nous tromper (1).

Pour qu'il y ait foi il faut que l'adhésion aux vérités révélées par Dieu soit en nous à l'état de certitude (2). Ce n'est donc pas sur un ensemble de probabilités qu'elle peut se fonder (3), mais sur des faits certains, d'où il nous soit permis de conclure, sans crainte de nous tromper, que Dieu a parlé (4). Ces faits palpables et à la portée de toutes les intelligences, ce sont les miracles et les prophéties (5) ; c'est surtout ce miracle permanent que réalise l'existence même de l'Eglise (6).

Qu'elle soit informée ou non par la charité (7), la foi est un don d'en haut. Supposons un homme instruit. A force de patientes recherches et de réflexions profondes, il s'est persuadé que Dieu existe et que sa parole est infaillible ; il a reconnu qu'il y a près de deux mille ans, un Juif, puissant en œuvres et en paroles, parcourait la

---

(1) C'est la définition même du Concile du Vatican (Constitution *Dei Filius.*)

(2) Le 2 mars 1679, Innocent XI a condamné la proposition suivante : « Assensus fidei supernaturalis et utilis ad salutem stat cum notitia solum probabili revelationis, imo cum formidine qua quis formidet ne non sit locutus Deus. »

(3) Parmi les propositions condamnées par le Saint-Office, le 3 juillet 1907, dans le décret *Lamentabili,* nous lisons celle-ci : Assensus fidei ultimo innititur in congerie probabilitatum.

(4) Concile du Vatican. (Constitution *Dei Filius.*)

(5) *Ibidem.*

(6) *Ibidem,* chap. 3, 5 et 6.

(7) La grâce divine est nécessaire même pour la foi morte. (Concile du Vatican, Constitution *Dei Filius,* canon 5).

Palestine, se disait Dieu et semait partout sur ses pas des prodiges éclatants pour appuyer la divinité de sa mission ; il sait que l'Eglise, issue des disciples de ce Juif crucifié, s'est miraculeusement répandue dans l'Univers par la prédication de douze apôtres sans instruction et sans fortune, malgré la sévérité de sa morale, les apparentes contradictions de ses dogmes et l'hostilité des pouvoirs publics, grâce à une protection spéciale de Dieu, qui a de tous temps multiplié les miracles pour favoriser sa propagation. Il sait tout cela ; et de ce faisceau de vérités d'ordre historique ou philosophique, et, par suite, à la portée de l'esprit humain, il conclut, livré aux seules lumières de sa raison (1) : l'Eglise catholique est divine, sa doctrine est vraie et, puisqu'elle m'affirme la trinité des personnes et la maternité divine de Marie, je crois qu'il y a trois personnes en Dieu, je crois que Marie est Mère de Dieu. L'homme qui raisonne ainsi, lors même que sa croyance atteindrait la certitude, n'a pas encore la foi. Mais que Dieu intervienne et que par sa touche mystérieuse ou, pour employer le langage théologique, que par sa grâce préformante et informante il le porte à énoncer intérieurement les mêmes propositions, rien ne sera changé en lui, psychologiquement parlant, et pourtant sa croyance naturelle de tout à l'heure se sera transformée en acte de foi (2). La grâce ne détruit pas la nature ; elle ne la

(1) A cette question — Pouvons-nous croire d'un acte de foi naturel que la religion du Christ et ses dogmes sont vrais ? — la plupart des théologiens répondent par l'affirmative. Lugo pense que Dieu donne sa grâce à tout homme que sa raison conduirait à cette conviction ; d'où il conclut que la croyance aux dogmes est toujours surnaturelle. Le Concile du Vatican enseigne que l'acte de foi ne peut être la conséquence naturelle d'un raisonnement ; l'acte de foi est, en effet, une croyance surnaturelle. De la définition du Concile on aurait tort de conclure qu'une croyance naturelle aux dogmes, avec comme base les seules lumières de la raison, est impossible.

(2) L'acte de foi réclame le secours de la grâce ; car aucun acte surnaturel ne peut dériver de la nature seule. L'erreur contraire, qui était celle des semi-pélagiens, a été condamnée par le concile d'Orange, dont Boniface II a solennellement approuvé les décrets. Le concile de Trente a renouvelé la condamnation du concile d'Orange (Session 6, chapitre 6 et canon 3). La définition de la foi, telle qu'elle est donnée par le concile du Vatican, rappelle la nécessité de la grâce dans l'acte de foi. Ailleurs (Constitution *Dei Filius*, chap. 3), ce même concile appelle la foi *donum Dei*, son acte *opus ad salutem pertinens* et reproduit les paroles par lesquelles le concile d'Orange requiert pour l'acte de foi l'illumination et l'inspiration du Saint-Esprit.

modifie pas ; elle s'y surajoute. Ce qui était le résultat d'un raisonnement, reste le résultat d'un raisonnement, mais devient en même temps l'effet de l'action divine sur l'intelligence et sur la volonté du croyant et, à ce titre, prend place dans l'ordre surnaturel.

Pour devenir acte de foi une croyance doit remplir trois conditions : il faut et il suffit qu'elle soit surnaturelle, qu'elle ait pour objet une vérité révélée et qu'elle soit basée sur l'autorité de la parole divine. C'est parce qu'elle ne peut se reposer sur l'autorité de cette parole que notre croyance à l'existence, à la véracité et à l'infaillibilité de Dieu ne sera jamais un acte de foi. Et comment aurions-nous le droit de prendre l'autorité de la parole divine comme point de départ pour démontrer l'existence, la véracité et l'infaillibilité de Dieu, alors que cette autorité serait pour nous nulle si nous ne savions au préalable que Dieu existe, qu'il est vérace et infaillible ? En bonne logique, un syllogisme qui aboutit à une conclusion dont la connaissance est présupposée à la connaissance des prémisses est un pseudo-syllogisme ; il tourne dans un cercle vicieux (1).

Une autre question mérite de retenir notre attention : je croyais sur le témoignage divin que l'âme est spirituelle ; mais voici que des raisons philosophiques d'admettre la spiritualité de l'âme se présentent à mon intelligence ; puis-je encore faire un acte de foi sur cette vérité ? Il n'y a pas lieu d'en douter. Le motif philosophique n'annule pas le motif antérieur tiré du témoignage divin. Ma conviction ne reposait que sur une base ; elle repose maintenant sur deux. Comme précédemment, je me dirai intérieurement : Dieu a affirmé que l'âme est spirituelle ; je le crois parce qu'il ne peut me tromper. Il importe peu que je puisse ajouter : je

____

(1) Plusieurs théologiens modernes admettent la foi en l'existence de Dieu. Suarez enseigne que l'acte de foi surnaturel s'appuie sur l'autorité de Dieu révélateur, connue elle-même par un acte de foi. Si le motif formel de la foi n'était connu que par les lumières de la raison, ou, du moins, si nous le considérions à ce point de vue, il n'y aurait pas, d'après lui, d'acte de foi, mais une croyance naturelle. *(De gratia*, l. IV, c. 2, n° 8 ; *De fide*, disp. 3, sect. 6). D'après les Salmanticences (*De gratia*, l. XIV, disp. 3, dub. 3, n° 25-55) et d'autres thomistes, la foi ne serait surnaturelle et salutaire qu'autant qu'elle aurait pour base le témoignage de Dieu considéré comme auteur de l'ordre surnaturel.

le crois aussi parce que ma raison me le montre (1).

Les vérités proposées à notre croyance, ne seraient-elles que virtuellement révélées, sont susceptibles de tomber sous l'acte de foi; les adopter n'est-ce pas, en effet, nous fier au témoignage divin ? Sans doute il s'y mêle une certaine confiance en la valeur de notre raison, qui a dû faire un travail de déduction. Mais faut-il donc que dans l'acte de foi la confiance en Dieu exclue toute confiance en nos propres moyens ? S'il en était ainsi, l'acte de foi aux vérités explicitement révélées elles-mêmes ne serait plus possible ; car comment les connaissons-nous sinon par le témoignage des hommes ? Et comment connaissons-nous le témoignage des hommes sinon par le témoignage de nos sens ? Quoi que nous fassions, notre confiance en Dieu sera toujours mêlée de confiance en nous-même (2).

La valeur morale de la parole divine est, comme il est dit plus haut, le motif sur lequel repose notre foi. Parmi ceux qui l'ont nié, les uns, condamnés par le concile du Vatican (3), ne distinguent pas la foi de la science ; d'autres font de l'acte de foi un acte de soumission à la volonté divine (4) ou l'appuient sur la vérité de l'essence divine. D'après Suarez (5), Lugó (6) et Mazzella (7), nous croyons les vérités révélées parce que Dieu a parlé et qu'il est infaillible. Suarez ajoute que pour inspirer la foi le motif formel de la foi doit être connu par la Révélation et cru par la foi. Certains théologiens distinguent deux sortes de foi : la foi de science et la foi de simple autorité (8). « La première, dit Bainvel (9)... se

---

(1) Saint Thomas (2-2, q. 1, a. 5 ; *De verit.*, q. 14, a. 9) et l'école dominicaine n'admettent pas qu'on ait la foi aux vérités révélées démontrées par la raison. Le concile du Vatican semble plutôt favorable à l'opinion contraire ; on lit, en effet, dans la constitution *Dei Filius* : « Fide divina et catholica ea omnia credenda sunt quæ in verbo Dei scripto vel tradito continentur et ab Ecclesia... tamquam divinitus revelata credenda proponuntur mysteria in Deo abscondita »(chap. 4).

(2) Bien des vérités définies par l'Eglise, comme l'Immaculée Conception, sont contenues virtuellement dans les vérités révélées.

(3) Constitution *Dei Filius*, canon 2.

(4) Guillaume de Paris (1249).

(5) *De fide theologica*, disp. 7, sect. 2.

(6) *De fide theologica*, disp. 1.

(7) *De virtutibus infusis*, p. 181.

(8) P. Billot, *De virtutibus infusis*, p. 203 ; Bainvel, *La foi et l'acte de foi*, p. 21-40 ; Labeyrie, *La science de la foi*, p. 181.

(9) P. Billot, *ib.*, p. 27.

ramène à la formule : je le crois parce que (je vois que) vous dites vrai. L'autre... est plus confiante : je le crois parce que vous le dites. Sans doute, pour être raisonnable, celle-ci suppose un jugement implicite ou explicite comme celui de la formule précédente : ce qu'il me dit est vrai. Mais je n'appuie pas ma foi sur ce jugement évident. Mon seul motif est l'autorité de celui qui parle ; je m'y arrête, sans songer plus loin ; je fais abstraction de mon évidence préalable : il l'a dit ; je le crois. » A la foi de simple autorité appartiendraient la plupart des croyances que nous acquérons dans la vie pratique, la confiance avec laquelle les enfants acceptent les dires de leur père et de leur mère et celle que nous accordons nous-mêmes aux récits des voyageurs ou des historiens et aux affirmations des savants. Le juge qui croit à son témoin parce que d'autres témoins ont déposé dans le même sens, le lecteur sérieux, qui, avant de faire sienne l'opinion de l'auteur qu'il a sous les yeux, consulte les livres les plus estimés et les mieux documentés, auraient la foi de science. La foi de science repose, dit-on, sur l'évidence de la chose dite, la foi d'autorité sur l'autorité morale du témoin. La première s'impose à notre esprit, la seconde est acceptée librement. Etant donné, en effet, dans le second cas, que le témoin n'est prémuni ni contre l'erreur ni contre le mensonge, celui qui accepte son témoignage l'accepte de confiance, sans y être contraint. Telle serait, affirme-t-on, la façon dont nous croyons en Dieu.

Inutile de discuter longuement ces diverses opinions. Nous croyons en Dieu parce que ce qu'il dit est vrai ; or sur quoi se base chez nous la connaissance que nous avons de la vérité de ses paroles ? Serait-ce sur ces principes : Dieu veut que je le croie, ou, son essence est vraie ? Evidemment non. Si Dieu ne parlait pas, nous ne le croirions pas, rien de plus certain ; sa parole n'est pas toutefois un motif, même partiel, de le croire ; elle est tout simplement la condition sans laquelle la croyance ne serait pas.

La distinction de la foi en foi de science et foi de simple autorité, imaginée dans le seul but d'expliquer la liberté dans l'acte de foi, est toute factice et il est étonnant que des théologiens de marque l'aient prise au sérieux (1). Au fond, la foi de science n'est autre chose qu'un manque de foi. Une personne m'affirme un fait ; je lui réponds : je vous croirais volontiers, mais vous pouvez vous tromper ; permettez donc que je contrôle la vérité de vos paroles. Et je me livre à une enquête, d'où il ressort qu'elle a raison. Je n'avais pas foi en elle avant la vérification ; l'ai-je après ? Pas davantage. Je crois comme elle sans croire en elle. Si j'avais foi en elle je croirais le fait parce qu'elle me l'a certifié. Or cela n'est pas ; le fait m'est connu parce que je l'ai moi-même vérifié et son témoignage n'a influencé en rien le résultat de mon enquête.

Laissons donc la foi de science ; ces deux termes, foi et science, jurent ensemble. Reste la foi de simple autorité, qui devrait s'appeler tout simplement la foi. La foi est essentiellement basée sur l'autorité de celui qui parle. Nous croyons ce qu'il dit parce qu'il le dit ou plutôt parce que nous le savons, au moins sur le fait spécial qu'il nous affirme, sincère et bien renseigné. La confiance repose sur l'autorité morale du témoin ; et l'autorité morale du témoin est nulle aux yeux de celui qui ignore que le témoin ne se trompe pas et ne trompe pas. L'enfant lui-même raisonne en cela comme l'homme mûr ; s'il a pleine confiance en son père et en sa mère, c'est que ceux-ci l'ont rarement ou ne l'ont jamais trompé. Le jour où il remarquera que ses parents l'induisent en erreur, ce jour-là, l'enfant commencera à douter de leur parole. La confiance peut passer par tous les degrés, parce que l'autorité morale du témoin est sujette à variation. Pour être raisonnable la confiance devrait être proportionnée à la valeur objective du témoignage ; si la proportion fait défaut — et cela provient d'une fausse estimation de cette valeur — on a la confiance naïve ou la défiance exagérée. L'autorité morale de Dieu est au-dessus de toute autorité. Dieu est le seul être qui ne puisse jamais ni se tromper ni nous tromper. Aussi lui devons-nous une confiance

(1) Le Père Bouvier (*Etudes religieuses*, t. 101, 20 oct. 1904, p. 267) rejette avec raison la distinction de son confrère le Père Bainvel, ou plutôt il la garde après l'avoir amendée. La retouche n'a pas été heureuse. La distinction devrait disparaître complètement des traités de la foi.

absolue ; et cette confiance nous la lui donnons précisément à cause de son infaillibilité et de son impeccabilité, ainsi que le dit clairement le concile du Vatican, « propter auctoritatem Dei revelantis, qui nec falli nec fallere potest ». Le Père Bainvel, tout en accordant que l'acte de foi est basé sur l'autorité de Dieu, ajoute qu'en produisant cet acte nous faisons abstraction de la véracité de Dieu, c'est-à-dire de sa science souveraine et de sa parfaite rectitude. Ces deux affirmations sont contradictoires. Que serait pour nous l'autorité de Dieu, auteur de la Révélation, sans la pensée, au moins confuse, des attributs divins qui rendent la parole divine digne d'être crue ? Autant vaudrait dire que nous croyons sans raison.

Les motifs qui commandent notre confiance en la parole divine sont, on le voit, nécessitants, ce n'est donc pas de ce point de vue que l'on peut établir la liberté de l'acte de foi.

CHAPITRE II

Liberté de l'acte de foi.

Que la foi soit libre chez les justes et les pécheurs (1), impossible d'en douter après les décisions si claires et si catégoriques du concile de Trente (2), du concile du Vatican (3) et du Pape Innocent XI, qui a condamné l'opinion d'après laquelle l'assentiment de la foi serait nécessairement proportionné à la valeur des motifs présentés à l'intelligence (4). S'il procédait de nous sans nous, l'acte de foi ne serait ni surnaturel, ni méritoire, ni

---

(1) Hermès n'attribue la liberté qu'à la foi vivifiée par la charité.

(2) Le concile de Trente dit des adultes : « Libere moventur in Deum, credentes vera esse quæ revelata sunt. » (Ses. 6, chap. 6).

(3) « Fides ipsa in se, etiamsi per caritatem non operetur, donum Dei est et actus ejus est opus ad salutem pertinens, quo homo liberam præstat ipsi Deo obedientiam, gratiæ ejus, cui resistere posset, consentiendo et cooperando. » (Const. *Dei Filius*, cap. 3). Le même concile dit, visant une opinion d'Hermès : « Si quis dixerit assensum fidei christianæ non esse liberum, sed argumentis humanæ rationis necessario produci... anathema sit. » (Can. 5.)

(4) « Voluntas non potest efficere ut assensus fidei in seipso sit magis firmus quam mereatur pondus rationum ad assensum impellentium. »

commandé par Dieu. La volonté libre du croyant intervient dans l'acquisition, la conservation et la pratique de la foi.

Et d'abord que faut-il pour acquérir la foi ? Dégager son esprit des préjugés qui l'aveuglent, fermer l'oreille au cri des passions, que rebutent les préceptes de la morale chrétienne, sacrifier parfois son intérêt du moment, se mettre à l'étude avec l'intention bien arrêtée d'écouter Dieu, si la voix de Dieu se fait entendre, quoi qu'il puisse en coûter. L'adhésion finale dépend plus encore des dispositions morales du sujet que des motifs de crédibilité ou plutôt elle dépend tout entière des motifs de crédibilité vus sous le jour de nos dispositions morales.

Envisagées du point de vue de notre propre mentalité les choses reflètent notre état psychologique : un Français et un Allemand jugeront diversement la guerre de 1870 ; les Jésuites et les Dominicains résoudront en général le problème de la grâce dans un sens conforme à la tradition de leur ordre ; que deux chefs de famille soient divisés sur une question d'intérêt, les enfants trouveront meilleures les raisons de leur père. Les raisons sont ce que nous les faisons par notre orgueil, nos affections, notre intérêt et en général nos tendances. Nous croyons avec tout notre être.

Les moyens dont dispose la volonté pour provoquer ou étouffer la croyance sont le sentiment et l'idée. Personne ne niera que nous ne soyons, dans une certaine mesure, maîtres de nos idées et de nos sentiments. En ce moment, je pense à la liberté de l'acte de foi ; si cela me plaisait, je chercherais la trisection de l'angle ou je lirais une pièce de Corneille. Je me suis mis à l'étude d'une question intéressante pour goûter la douce et pure satisfaction qui s'attache à tout travail intellectuel ; il ne dépendrait que de moi de me lever et de lire mon journal ; au plaisir d'étudier succéderaient en moi les émotions que provoquent d'ordinaire les nouvelles politiques. Dans l'esprit l'idée et le sentiment font vite boule de neige ; ils attirent à eux d'autres idées et d'autres sentiments. Il y a une attraction réciproque, parfois même fatale, entre les idées, entre les sentiments, enfin entre les sentiments et les idées. Les uns et les autres prolifèrent, surtout sous l'influence de la volonté ; et l'instrument le plus puissant dont dispose la volonté pour arriver à ses fins est l'attention. Nous voudrions avoir telle croyance : maintenons dans le champ de la conscience les sentiments qui lui sont favorables, fixons sur eux les yeux de l'esprit et laissons les sentiments défavorables dans le fond obscur de l'inconscient. Par là, écrit Payot (1), « nous renforçons les puissances favorables à une orientation voulue de la croyance et nous affaiblissons ou nous neutralisons les puissances de direction contraire... Notre intelligence devant nécessairement être en proie à la diplomatie souterraine du sentiment, qui, quoi que nous fassions, agit et agit plus qu'on ne le pense d'habitude, nous pouvons faire que cette diplomatie, qui travaille contre nous, travaille activement pour nous. » Il ajoute plus loin (2) : « Nos idées n'agissent pas d'elles-mêmes sur nous ; il faut que par un travail d'assimilation nous les fassions nôtres ; il faut que nous leur accordions une attention pleine de sympathie. Une idée étant très complexe, nous pouvons ne lui accorder qu'un examen limité, partiel ; nous pouvons refuser d'en épuiser le contenu. Ou même, si nous craignons que cette idée soit nuisible à nos fins, nous pouvons lui refuser audience. Si elle résiste et fait effort pour pénétrer quand même, nous avons toujours pour vaincre dans cette lutte de patience la ressource d'un effort de pensée énergique sur un autre sujet. L'indifférence prolongée finit par lasser les plus rebelles. Si elles triomphent malgré tout de cette indifférence, nous pouvons leur faire subir un examen critique malveillant, qui leur ôte beaucoup de leur force.... Ce n'est pas tout ;... avant tout jugement il y a une enquête. Cette enquête nous pouvons la fausser encore ; nous pouvons refuser de considérer les dépositions que nous sentons devoir être gênantes ; nous pouvons insister sur les arguments favorables et leur donner par une attention rigoureuse et réitérée un très grand relief (3). »

(1) *La croyance*, 2ᵉ édition, p. 191.
(2) *Ib.*, p. 193.
(3) La psychologie de la croyance en général a été fort bien étudiée par Mᵐᵉ Camille Bos (*La psychologie de la croyance*) et par Payot (*La croyance*). Notons en passant que ces deux ouvrages ne sont guère orthodoxes sur les questions religieuses ; celui de Payot est à l'Index.

Mais voici que l'incroyant poursuit sa route sans encombre. Vaincu par l'évidence, il se rend et avoue que l'Eglise est divine. Sa croyance n'est encore qu'un acte naturel. Avant de lui donner la vertu surnaturelle de foi, Dieu, qui, suivant l'opinion commune des théologiens (1), contredite par Suarez (2), ne donne jamais la foi à un pécheur, attend qu'il soit décidé à mettre sa conduite en conformité avec ses nouvelles convictions. Il faut donc qu'au terme de l'enquête se pose un nouvel acte libre, condition finale de la foi.

Celui qui veut conserver sa foi doit lutter contre les idées et les sentiments propres à l'entraîner dans le courant du doute. L'Eglise et les théologiens moralistes l'ont compris. Pour protéger l'esprit des fidèles contre l'invasion des idées directement ou indirectement subversives de la foi, ils l'ont entouré d'un réseau de défenses : défense, sous peine de péché mortel, quand il y a danger pour la foi, de discuter en soi-même les motifs de douter, de lire les livres hérétiques ou impies, de fréquenter les personnes hostiles à l'Eglise et d'assister aux conférences antireligieuses. Si nous prenons connaissance des objections que les libres penseurs nous opposent, que ce soit pour les réfuter et non pour voir si elles sont convaincantes ; si nous soumettons à un contrôle rigoureux les motifs sur lesquels se fondent nos croyances, que ce soit pour donner une base solide à notre foi et non pour savoir si nous avons raison de croire. Il ne faut donc pas qu'un catholique fasse table rase de ses convictions religieuses, serait-ce par méthode, pour un instant et en vue de parvenir plus sûrement à la découverte de la vérité. L'Eglise le défend. Grâce à cet ensemble de prescriptions elle sauvegarde et affermit la foi de ses enfants. Beaucoup de fidèles placent pratiquement la certitude religieuse au-dessus de toute autre certitude. Ils douteraient des principes

(1) De Lugo, *De fide divina*, disp. xvi, sect. 2 ; Mazzella, *De virtutibus infusis*, n° 108.

(2) *De fide*, disp. vii, sect. 3, n° 4 ; *De gratia*, lib. viii, chap. 23. Les théologiens du concile du Vatican avaient ainsi rédigé le chapitre iii de la Constitution *Dei Filius* : « Fides ipsa in se, etiamsi nondum per caritatem operetur..... » Remarque faite que cette expression favorisait l'opinion de Suarez, on écrivit : « Fides ipsa in se, etiamsi per caritatem non operetur.... »

les plus évidents de la raison humaine plutôt que des enseignements de l'Eglise. Les vérités de foi forment dans leur esprit un domaine intangible et sacré ; la complète quiétude avec laquelle ils y adhèrent nous laisserait facilement croire qu'en pareille matière ils s'arrogent le privilège d'infaillibilité.

Si nous voulons protéger efficacement notre foi, il ne suffit pas de monter la garde autour de nos idées ; il est nécessaire d'exercer une vigilance active sur notre cœur. Le croyant vient-il à écouter trop facilement les désirs qui s'élèvent des bas-fonds de sa nature, l'affaiblissement de sa foi sera la conséquence fatale de sa conduite ; il y a, en effet, antagonisme entre la foi et la passion et céder à l'une, c'est affaiblir l'autre.

« Les directeurs de conscience, écrit Payot (1), sont unanimes à voir la source de l'incrédulité non dans le jugement mais dans une perversion de la volonté. » Maîtrisez vos passions, disent-ils sans cesse, et vous croirez ; la foi entre dans l'esprit par le cœur, qui est également sa porte de sortie. Le meilleur rempart pour protéger la foi est encore la vie chrétienne ; l'expérience ne permet pas d'en douter. Par ce mot *vie chrétienne* il faut entendre et la fidélité à observer les prescriptions de la morale et la mise en action des croyances surnaturelles. L'action fait croire, comme la croyance fait agir. Ecoutons Mme Bos (2) : « La pratique est comme un ferment qui, par un progrès imperceptible soulève peu à peu toute la pesanteur de nos membres. Chaque acte inspiré par une pensée de foi commence l'enfantement d'un homme nouveau, puisqu'il engendre Dieu en l'homme. Quand donc la raison nous a conduits jusqu'au seuil, c'est à nous par l'action, qui en sera l'expression pratique, à mettre le feu aux poudres. Il ne suffit pas d'agir une fois ; il faut toujours par l'action entretenir la croyance. L'organe qui ne fonctionne pas s'atrophie ; le cœur qui n'aime rien se dessèche ; la foi qui n'agit pas s'éteint. »

L'acte de foi, qu'il s'agisse de l'acte intérieur ou des actes extérieurs qui le manifestent, est sous la dépen-

---

(1) *Op. cit.*, p. 205.
(2) *Op. cit.*, p. 155.

dance de la libre volonté. Nous le produisons comme nous produisons les actes des autres vertus, parce que cela nous plaît. Aucune nécessité physique ne me force à dire en ce moment : mon Dieu, je crois que vous êtes un en trois personnes. Quand je ploie les genoux devant l'image du divin Crucifié et que par ce mouvement j'affirme ma croyance au mystère de la Rédemption, j'agis librement ; mon genou ne s'abaisse pas comme mon cœur bat, par une loi mécanique de l'organisme.

Y a-t-il lieu d'aller plus loin et de donner à la volonté libre le pouvoir de commander à son gré l'adhésion de l'intelligence aux vérités révélées chez ceux qui savent avec certitude que Dieu est infaillible et qu'il nous a parlé par ses prophètes, son Fils et ses apôtres ? Beaucoup de théologiens le prétendent (1). A les entendre, l'intelligence n'adhérerait nécessairement qu'au vrai perçu à la lumière de son évidence propre, c'est-à-dire au vrai connu scientifiquement et non au vrai connu par voie d'autorité. Ce serait donc à l'obscurité intrinsèque des mystères que nous devrions de n'être pas nécessités à croire par l'infaillible autorité de Dieu.

Cette explication de la liberté dans l'acte de foi est à rejeter. Comment ! je sais que Dieu ne me trompe pas ; j'ai la certitude absolue qu'il a **révélé** le mystère de l'Incarnation ; et, malgré cela, je me sentirais libre de croire ou de ne pas croire que Dieu s'est incarné ! Non certes, cela ne se peut. Quand je vois clairement et les deux prémisses d'un argument et le lien logique qui les unit à la conclusion, la conclusion s'impose à mon esprit. Je me dirai donc sans hésiter : Dieu s'est incarné. Et par le fait que je penserai cette vérité je ferai un acte de foi, si, comme je suppose, cette vérité ne m'est pas inspirée seulement par le syllogisme mental, mais aussi par la grâce de Dieu. Le témoignage, quand il est entouré de toutes les garanties désirables, force l'adhésion ; et il faut méconnaître les règles les plus élémentaires de la psychologie pour voir sur ce point une différence entre l'évidence externe et l'évidence interne. Est-ce librement que je crois au règne de Louis XIV,

____

(1) Les docteurs de Salamanque (Tract. XIV, *De gratia,* disp. 3, dub. 3, n° 25-55) ; DUBOIS (*Revue du Clergé Français,* 15 août et 1er nov. 1904 ; 15 mai 1906) ; BILLOT (*De virtutibus infusis,* p. 313).

aux victoires de Napoléon, à la mort de Louis XIII, à l'existence et à la découverte de l'Amérique ? La certitude que j'ai de ces faits, connus par la seule voie du témoignage, égale la certitude que je trouve dans les vérités scientifiques les plus incontestables ; et ma liberté de croire ou de ne pas croire n'est pas plus grande dans un cas que dans l'autre.

Qu'il s'agisse de foi ou de science, si vous partez de prémisses incontestables, la conclusion sera incontestable ; si vous posez des prémisses douteuses, la conclusion sera douteuse. L'assentiment donné à une conclusion par un esprit capable de saisir parfaitement le lien qui la rattache aux prémisses est forcément de même nature que l'assentiment donné aux prémisses elles-mêmes. La volonté n'y peut rien ; s'il lui plaît d'obtenir une adhésion plus ferme à la conclusion, elle n'a qu'une ressource : rendre plus ferme l'adhésion aux prémisses. Que ces prémisses soient connues par le témoignage, évidentes ou scientifiquement déduites, peu importe ; dans aucun cas la liberté ne s'insère entre les prémisses et la conclusion. Toutes les conclusions sont régies par les mêmes lois psychologiques. Les théologiens feraient bien de renoncer définitivement à une distinction, que condamnent avec raison les psychologues et dont au reste la théologie n'a aucun besoin.

CHAPITRE III

Psychologie de la foi.

Bien que d'ordre surnaturel, la foi suit dans son éclosion, son développement, sa décroissance et son extinction les lois des croyances d'ordre naturel. Sa psychologie n'est autre que la psychologie de la croyance. Et de même que la croyance naît tantôt d'éléments intellectuels, tantôt d'éléments affectifs, le plus souvent des uns et des autres réunis, et s'affermit par les mêmes causes ; ainsi la foi s'appuie indifféremment sur la raison ou sur le cœur. La part d'influence de la raison et du cœur varie avec les individus ou même avec le temps dans un même individu. Certains — ils sont rares — sont d'ordinaire accessibles à l'idée pure ; leur tempérament et leur éducation les prémunissent contre l'invasion du sentiment dans le domaine de la croyance. La plupart n'écoutent que les raisons inspirées ou du moins nuancées par le sentiment.

La volonté libre ne peut rien par elle-même sur la croyance. Les motifs nous paraissent-ils insuffisants, ce n'est pas en nous disant intérieurement ; « je veux croire », que nous croirons. Si au contraire la vérité nous apparaît avec la clarté de l'évidence, le seul désir de douter n'amènera pas le doute. Sur les yeux de l'esprit, comme sur les yeux du corps, l'influence de la volonté est tout indirecte. Il ne suffit pas d'un simple *fiat* pour y voir pendant la nuit ou nous entourer de ténèbres pendant le jour ; notre volonté doit recourir aux moyens appropriés, c'est-à-dire allumer une bougie ou baisser les paupières. De même la seule intervention de la volonté ne suffit pas pour provoquer ou étouffer la croyance. Les moyens dont dispose la volonté pour arriver à cette fin sont l'idée, le sentiment et l'action.

L'assentiment de l'esprit n'est pas toujours dû à l'action de l'idée sur l'intelligence. Si nous regardons à la source de nos croyances, nous n'y verrons bien souvent que des impulsions aveugles ou des associations répétées. Les croyances qui se sont imposées à nous par des motifs n'en sont pas solidaires dans leur durée ; il n'est pas rare que, les motifs disparaissant, elles subsistent aussi fortes et aussi vivaces que précédemment. Quand les croyances sont raisonnées, la fermeté de l'adhésion n'est pas proportionnelle à la valeur des motifs : un même motif vous convaincra un jour et vous laissera froid le lendemain ; développé devant un auditoire, il persuadera les uns et ne fera aucune impression sur les autres. Les éléments d'ordre affectif peuvent le suppléer ou l'aider et le plus souvent ils l'aident ou le suppléent. L'amour, le désir, la jalousie, la peur, la crainte, la tristesse, la joie sont autant de prismes trompeurs qui nous font voir les faits autrement qu'ils ne sont. Une mère est-elle à même d'apprécier à sa juste valeur les qualités ou les défauts de son fils? Aux heures d'abattement nous voyons tout en noir ; la bonne humeur au contraire colore tout en rose. Nous envisageons différemment les choses avant et pendant le travail de la digestion, avant et après l'annonce d'une bonne ou d'une mauvaise nouvelle.

La foi du chrétien bénéficie de la force du sentiment. Après une larme versée au pied du crucifix on se sent plus fortement attaché à sa religion qu'après la découverte d'un nouveau motif de crédibilité. Les prédicateurs qui savent toucher font plus de conversions que les prédicateurs à raisonnements subtils. Bien que le fond et la forme soient les mêmes, le texte froid et sans vie d'un sermon écrit est loin d'agir aussi efficacement qu'un sermon parlé. Tout en s'adressant à l'esprit des fidèles, l'Eglise se garde bien de négliger leur cœur : les cérémonies, le décor, la musique, le chant, les paroles des cantiques, les tableaux, les statues, les images tendent à provoquer des émotions et par ces émotions à raffermir la foi. Les femmes, plus accessibles au sentiment que l'homme, sont aussi en général plus religieuses.

L'expérience nous montre que les conversions sont plutôt l'œuvre du sentiment que du raisonnement. La mort d'un proche parent, une grave maladie, des déceptions, le désir de trouver des consolations dans les épreuves, de voir les méchants humiliés et les bons récompensés, la fragilité des plaisirs, l'inconstance des amitiés, l'impuissance d'une raison, qu'enveloppe de toutes parts le mystère, la soif de la certitude ou du repos intellectuel, les aspirations inhérentes à notre être vers un bonheur sans fin et sans mélange sont les causes qui les provoquent d'ordinaire. François Coppée conçut ses premières idées de retour à Dieu sur son lit de douleur, à la suite d'une opération chirurgicale. Adolphe Retté fut longtemps tourmenté par le doute ; tour à tour socialiste, anarchiste, idolâtre, bouddhiste, il a fini — et la maladie a contribué à cette dernière évolution — par adhérer au catholicisme. Ferdinand Brunetière a été, lui aussi, un coureur de systèmes. Son esprit, avide de solutions nettes, catégoriques, définitives aux grands problèmes que pose et ne tranche pas la raison humaine, a trouvé dans l'autorité du dogme la force dont il avait besoin pour se fixer.

Le sentiment mène ceux dont il prépare la conversion

jusque dans le vestibule de la foi et laisse à la raison le soin de les introduire dans le temple. Nous éprouvons en nous comme un secret besoin de justifier nos croyances avant de les adopter. L'œuvre de la raison n'est ni si longue ni si difficile que celle du sentiment. Une fois le cœur pris, une fois que le désir d'être chrétien est né en nous, les preuves les plus faibles suffisent à convaincre. Nous n'en trouvions pas autrefois ; elles abondent maintenant ; celles qui apparaissaient hier si fragiles qu'un souffle semblait pouvoir les renverser, nous les jugeons aujourd'hui d'une logique irréfutable. Tant il est vrai que la tête est l'esclave du cœur !

Il en est qui croient par tempérament comme d'autres croient par sentiment. Qui n'a connu dans sa vie des personnes religieuses dans l'âme, éprises du besoin de prier Dieu et de s'enfermer, recueillies, dans les églises ou les monastères ? Mettez-les dans l'impossibilité de remplir leurs exercices de piété, elles souffrent autant, sinon plus, que souffrirait un libertin qu'on arracherait à ses plaisirs ou un savant que l'on priverait de ses livres. Elles semblent faites pour la religion comme le poisson pour l'eau. Voyez Huysmans ; c'est un mystique dans toute la force du terme ; il ne pensait et ne parlait que de choses d'église. Pendant des années il mêla sa vie à celle des moines bénédictins d'Aligugé ; il s'enthousiasma pour la liturgie, le plain-chant et le style gothique. Ceux qui croient par tempérament, s'ils viennent à perdre la raison, sont atteints de la folie religieuse, si connue des aliénistes. Ils exagèrent à tout propos l'intervention de Dieu ou du diable dans le monde. L'idée du surnaturel ou du préternaturel les hante, et les histoires les plus fantaisistes de loups-garous, de revenants et de sorciers trouvent facilement accès dans leur esprit. Avant de se convertir, Huysmans s'était lancé dans le satanisme.

Ceux qui croient par tempérament sont peu nombreux ; ceux qui croient par habitude sont légion. Nés de parents chrétiens, ceux-ci ont, pour ainsi dire, sucé avec le lait les principes religieux. Convaincus dès leur jeune âge, comme tous les enfants élevés chrétiennement, par l'autorité de leurs parents et de leur curé, ils continuent de croire à l'âge où la raison émancipée n'attache plus d'ordinaire à la parole du père, de la mère ou du prêtre la même valeur que dans les premières années. La cause qui provoquait la croyance au début de la vie n'est plus nécessaire ; l'habitude est là maintenant pour l'entretenir et l'enraciner. Cette substitution de l'habitude au motif d'autorité est un phénomène psychologique fréquent ; elle nous explique en grande partie pourquoi l'influence familiale ou scolaire se fait sentir longtemps après que l'éducation a cessé.

Il en est chez qui à la force de l'habitude s'ajoute la volonté d'accomplir un devoir. Demandez à nombre d'habitants de la campagne ou même de la ville : « Pourquoi croyez-vous ? » Ils vous répondront : « On a été catholique chez nous de père en fils ; je veux l'être moi aussi. » Ne pas croire serait, à leurs yeux, une ingratitude vis-à-vis de leurs ancêtres, qui ont cru.

D'autres sont prédisposés à croire à cause du côté utilitaire de la religion, par le secours qu'elle prête à la morale et l'heureuse influence qu'elle exerce sur le développement de l'individu, de la famille et de la société. Paul Bourget est arrivé à la foi par cette voie. Ils sont rares ceux qui embrassent une religion par la seule action de l'idée pure, sans autre impulsion que celle des motifs. Le plus souvent nous majorons les preuves, en elles-mêmes insuffisantes, sur lesquelles se fonde notre foi.

CHAPITRE IV

Apologétique de la foi.

Nous plaçant sur le terrain psychologique, nous venons de voir que la raison n'est pas nécessaire pour conduire l'homme à la foi et que, lorsqu'elle intervient, c'est bien souvent pour jouer un rôle secondaire et effacé. La raison adopte fréquemment une troisième attitude, l'attitude de combat. On a vu de tous temps des libres penseurs convaincus partir en guerre contre la religion et ses dogmes et prendre leurs armes dans l'arsenal de la raison. L'opposition entre la raison et la foi est-elle apparente ou réelle ? Apparente, répond l'Eglise catho-

lique ; réelle, répondent d'une seule voix rationalistes
et semi-rationalistes. Quoi qu'il y ait réelle opposition,
ajoutent les semi-rationalistes, la raison dit vrai et la
foi aussi ; ce qui est vrai en philosophie peut être faux
en théologie et réciproquement. Tel n'est pas l'avis des
rationalistes, qui optent pour les enseignements de la
raison et repoussent ceux de la foi.

Le semi-rationalisme fut condamné une première fois
en 1276 par Etienne, évêque de Paris, en la personne
de l'averroïste Bentus (1), une seconde fois en 1513 par
le concile de Latran en la personne de Pomponace (2).
Les Pères de Latran avaient parlé clair. L'école semi-
rationaliste de Gunther reprit au xixᵉ siècle la thèse
du désaccord réel entre la raison et la foi. Pie IX lui
rappela la doctrine catholique (3).

Mais les philosophes ont des distinguo que les con-
grégations romaines auraient bien de la peine à prévoir.
Frohshammer, disciple de Gunther, se permit d'ensei-
gner que l'Eglise avait le droit de condamner les doctrines des philosophes, non celles de la philosophie et que
par suite les propositions rejetées par les conciles pouvaient être vraies. Pie IX fit savoir à Frohshammer, par
l'intermédiaire de l'archevêque de Munich (4) et plus
solennellement par la publication du Syllabus (5), qu'il
devait renoncer à son étrange et subtile distinction. Le
concile du Vatican ajouta sa condamnation à celle du
concile de Latran (6), dont il reproduisit le texte, et
anathématisa ceux qui refusaient à l'Eglise le droit de
proscrire les pseudo-conclusions de la science opposées
aux dogmes et accordaient aux savants la liberté de soutenir tout ce qui leur semblerait vrai, sans s'inquiéter
des données de la révélation (7). La condamnation du
concile ne devait pas suffire et en 1907 le Saint-Office

(1) Voir l'*Enchiridion* de Denzinger, nᵒ 298.
(2) Bulle *Apostolici regiminis* de Léon X, approuvée par le concile
de Latran. (Cf. Denzinger, nᵒ 149.)
(3) Denzinger, nᵒ 149.
(4) Lettre du 11 décembre 1862 à l'archevêque de Munich.
(5) Cf. les prop. 10, 11, et 14.
(6) Const. *Dei Filius*, chap. et can. 2.
(7) La 23ᵉ proposition condamnée par le décret *Lamentabili* est ainsi
conçue : « Existere potest et reipsa existit oppositio inter facta quæ
in Sacra Scriptura narrantur eisque innixa Ecclesiæ dogmata ; ita ut
criticus tamquam falsa rejicere possit facta quæ Ecclesia tamquam
certissima credit. »

jugea bon de rappeler aux exégètes qu'ils n'ont pas le droit d'émettre des assertions formellement ou même virtuellement (1) contraires aux dogmes de l'Eglise.

Rien de plus bizarre et de plus ridicule que l'opinion condamnée par le concile. Le vrai, c'est la pensée d'accord avec son objet ou plutôt c'est cet accord lui-même ; il ne peut donc y avoir sur un même objet deux vrais contradictoires, le vrai de la science et le vrai de la foi. Ceux qui soutiennent le contraire devraient en bonne logique soutenir que deux photographies totalement dissemblables peuvent toutes deux représenter fidèlement une même personne au même moment de son existence ou deux nombres différents exprimer la longueur d'un même objet.

On le voit, la foi et la raison interdisent aux croyants d'affirmer que la raison bien ordonnée peut aboutir logiquement à des conclusions rejetées par la foi. De ce qu'il n'y a aucun désaccord entre les enseignements de la raison et ceux de la foi, a-t-on le droit de conclure qu'il y a accord ? Nullement, répondent les fidéistes, les protestants libéraux et ceux que Pie X appelle modernistes. L'accord ne peut exister qu'entre des connaissances visant le même objet ; or l'objet de la raison n'est pas l'objet de la foi et réciproquement. La science et la religion se meuvent dans des orbites distincts. « Chacune d'elles, dit Brunetière (2), a son royaume à part. » L'abbé Bautain, chef des fidéistes, ne pense pas que la raison soit capable de poser les assises de la foi ; il lui refuse le pouvoir de démontrer l'existence de Dieu, la spiritualité de l'âme, la liberté de l'homme, le fait de de la Révélation et en général toutes les vérités qu'implique la religion naturelle. La foi plane sur des hauteurs que la raison ne saurait atteindre ; voilà pourquoi tout choc est impossible.

Ebranlés par les objections de la libre pensée et attachés néanmoins à leur foi de chrétiens, les protestants libéraux et les modernistes pensent avoir trouvé le terrain d'entente sur lequel libres penseurs et croyants

---

(1) « *Prop.* xxiv. Reprobandus non est exegeta qui præmissas adstruit, ex quibus sequitur dogmata historica falsa aut dubia esse dummodo dogmata ipsa directe non neget. »

(2) *La science et la religion*, p. 62.

pourront se réconcilier et s'unir. Ils disent aux uns: Dieu est pour la raison le grand Inconnaissable; les motifs de crédibilité n'ont aucune valeur; les constructions des apologistes et des théologiens s'écroulent au moindre souffle. Et se tournant vers les autres, ils ajoutent: conservez votre foi; Dieu existe; il a parlé; tenez pour certain tout ce que l'Eglise vous enseigne. Comment concilier ces propositions en apparence contradictoires? Par la différence du point de vue. Si l'on ne regarde que la raison, les libres penseurs sont dans le vrai : l'existence de Dieu, la divinité de l'Eglise, les vérités de foi, quelles qu'elles soient, ne se démontrent pas. Mais il ont tort d'en conclure que les croyances religieuses ne sont pas légitimes. La raison n'est pas tout dans l'homme; il y a en lui d'autres fondements sur lesquels peut reposer et repose, en effet, la foi. Fidèle à ces principes, les protestants libéraux et les modernistes coupent tous les liens d'attache qui unissent la religion à la philosophie et à l'histoire. Voici comment Pie X expose leur système : « La science est toute aux phénomènes, la foi n'a rien à y voir; la foi est toute au divin, cela est au-dessus de la science. D'où entre la science et la foi il n'y a point de conflit possible; qu'elles restent chacune chez elles, et elles ne pourront jamais se rencontrer ni, partant, se contredire (1). » Rien dans la nature visible, pas même la vie humaine de Jésus-Christ, ne relève de la foi. « Il est bien vrai que ces choses-là appartiennent par leur nature au monde des phénomènes, mais en tant qu'ils sont pénétrés de la vie de la foi,... sous cet aspect précis les voilà soustraites au monde sensible et transportées, en guise de matière, dans l'ordre divin. Ainsi, à la demande si Jésus-Christ a fait de vrais miracles et de véritables prophéties, s'il est ressuscité et monté au ciel : non, répondra la science agnostique; oui, répondra la foi... ; la négation est du philosophe parlant à des philosophes et qui n'envisage Jésus-Christ que selon la réalité historique: l'affirmation est du croyant s'adressant à des croyants et qui considère

____

(1) Encyclique *Pascendi Dominici gregis*, édition des *Questions actuelles*, p. 23.

la vie de Jésus-Christ comme vécue à nouveau par la foi et dans la foi (1). »

Les modernistes mettent leur conduite d'accord avec leurs principes. « Telle page de leur ouvrage pourrait être signée par un catholique ; tournez la page, vous croyez lire un rationaliste. Écrivent-ils l'histoire, nulle mention de la divinité de Jésus-Christ ; montent-ils dans la chaire sacrée, ils la proclament hautement. Historiens, ils dédaignent Pères et conciles ; catéchistes, ils les citent avec honneur... Il y a pour eux deux exégèses fort distinctes : l'exégèse théologique et pastorale, l'exégèse scientifique et historique... S'ils dissertent de philosophie, d'histoire, de critique, ils affichent en mille manières .. leur mépris des enseignements catholiques, des saints Pères, des conciles œcuméniques, du magistère ecclésiastique ; réprimandés sur ce point, ils jettent les hauts cris, se plaignent amèrement qu'on viole leur liberté (2) »

Ce portrait n'a rien d'exagéré. « Les récits de l'Evangile de la naissance de Jésus, écrit Sabatier (3) ne sont que de la poésie ; mais combien cette poésie est plus religieuse et plus vraie que les définitions du symbole *Quicumque !* » C'est un axiome commun dans la nouvelle école que Dieu appartient à l'ordre de la foi et non à celui de la raison et que, par suite, la raison ne peut en démontrer l'existence. « Ayez sur Dieu, sur la création sur l'âme, sur le monde, écrit M. Réville (4), les idées que vous voudrez ou plutôt que vous pourrez avoir ; si vous adhérez à ces principes de vie..., vous êtes chrétiens. »

Les protestants et les modernistes ont compris qu'ils ne pouvaient isoler complètement la foi. La foi n'est pas un fait sans cause. Elle plonge ses racines quelque part. Si elle ne sort pas de la raison, quel est donc le terrain sur lequel elle croît ? On nous répond : elle naît de l'expérience religieuse, c'est-à-dire du dedans et non du dehors, du cœur et non de l'esprit. Dieu est dans la

(1) Encyclique *Pascendi*, p. 23.
(2) *Ib.*, p. 25.
(3) *Esquisse d'une philosophie de la religion*, p. 270.
(4) *Le protestantisme libéral, sa nature, ses origines, sa mission*, p. 61.

conscience de chacun de nous et il y parle ; écoutons-le, et, si nous ne sommes pas affligés de surdité religieuse, en d'autres termes, si nous avons le sens de la vie subjective, nous sentirons sa présence et nous entendrons sa voix. Ecoutons l'exposé clair et succinct que fait de ce système l'Encyclique *Pascendi Dominici gregis* : « Tout phénomène vital et, on l'a dit, telle est la religion, a pour premier stimulant une nécessité, un besoin ; pour première manifestation ce mouvement du cœur appelé sentiment. Il s'ensuit, puisque l'objet de la religion est Dieu, que la foi, principe et fondement de toute religion, réside dans un certain sentiment intime, engendré lui-même par le besoin du divin (1)... Le besoin du divin suscite dans l'âme portée à la religion un sentiment particulier. Ce sentiment a ceci de propre qu'il enveloppe Dieu comme objet et comme cause intime et qu'il unit en quelque façon l'homme avec Dieu (2)... Le sentiment religieux qui jaillit ainsi, par immanence vitale, des profondeurs de la subconscience, est le germe de toute religion, comme il est la raison de tout ce qui a été et sera jamais, en aucune religion. Obscur, presque informe à l'origine, ce sentiment est allé progressant sous l'influence secrète du principe qui lui donna l'être, et de niveau avec la vie humaine, dont on se rappelle qu'il est une forme. Ainsi naquirent toutes les religions, y comprises les religions surnaturelles : elles ne sont toutes que des efflorescences de ce sentiment (3). »

Cette doctrine n'est pas nouvelle ; elle remonte à Luther et à Calvin. D'après Calvin, nous arrivons à la foi sans l'intervention de la raison, par le secours d'une lumière surnaturelle, qui nous apprendrait en même temps où est la parole de Dieu et quelle en est la véritable signification. Si nous doutons de la saveur d'un mets, raisonnerons-nous pour l'apprendre ? Non, nous préférerons le goûter. Calvin met en nous un sens du surnaturel ; cela étant, pourquoi raisonner? Lisons la Bible et nous saurons qu'elle n'est pas l'œuvre de l'homme.

(1) Encyclique *Pascendi Dominici gregis*, p. 9.
(2) *Ib.* p. 11.
(3) *Ib.*, p. 13.

« Nous renonçons absolument, dit Scheleirmacher (1), à toute démonstration de la vérité ou de la nécessité de la religion chrétienne ; mais nous supposons qu'avant tout examen chaque chrétien éprouve la certitude qu'aucune forme religieuse autre que la forme chrétienne ne répond aux aspirations de sa piété. » Aussi a-t-il soin d'ajouter que s'appuyer sur les miracles et sur les prophéties est une fausse méthode (2). « Le Saint-Esprit est l'esprit de Dieu immanent dans l'homme, écrit de son côté Ménégoz (3), et il exerce sur l'esprit de l'homme une action immédiate, perçue par la conscience. » « La mentalité du libéralisme protestant consiste à dire, ajoute Stapfer (4) : nous ne trouvons de sécurité que dans l'évidence et nos expériences personnelles et intimes nous apportent seules l'évidence. Nous ne pouvons accepter pour vrai que ce que nous avons et éprouvons être vrai. » Telle est bien l'opinion de Loisy. « La vraie religion est faite pour être connue, expérimentée, vécue, et cette expérience intime en a toujours été la véritable démonstration, variable dans son expression logique selon les temps et même les personnes, certaine pour tous ceux qui croient, c'est-à-dire qui, voyant d'assez près la religion pour la bien connaître en elle-même et par rapport à eux, ont le courage d'y adhérer volontairement (5). » Après avoir démoli de son mieux tous les arguments sur lesquels la raison fait reposer la croyance à l'existence de Dieu, M. Le Roy ajoute que l'existence de Dieu ne se démontre pas, mais se vit. S'il croit en Dieu, c'est parce qu'il le saisit au dedans de lui-même par une intuition vécue (6). De même le miracle ne serait constatable qu'à la lumière de la foi. « Il n'y a sans doute, dit Loisy (7), si l'on va au fond des choses, rien de plus dans le miracle que dans le moindre des faits ordinaires ; mais aussi il n'y a rien de moins dans le plus ordinaire des faits que dans le miracle. Pour le philosophe et le savant comme tels tout ce qui arrive est ce qui pouvait arriver,

(1) *Doctrine de la foi*, p. 11.
(2) *Lettres au docteur Lucke*.
(3) *Publications diverses sur le fidéisme*, p. 4.
(4) *Revue chrétienne*, février 1908, p. 54.
(5) *Revue du Clergé français*, mars 1900, p. 142.
(6) *Revue de métaphysique, et morale*, 1907.
(7) *Autour d'un petit livre*, p. 10.

ce qui, dans les conditions du fait donné, devait arriver ;
d'où il suit que le miracle est un fait extraordinaire, dont
le sens divin n'est appréciable que pour qui croit à l'action de la Providence dans les faits de chaque jour. De
même que le miracle chez les peuples primitifs et au
point de vue de la foi n'est qu'une action divine un peu
plus sensible que les autres, de même, au point de vue
rationnel et scientifique, le miracle le mieux constaté n'est
qu'un fait moins commun que les autres, mais qui doit
rentrer dans le même ordre que les autres, puisqu'il y
est réellement contenu ; le miracle, à le bien prendre,
est le train du monde et de la vie contemplé par la foi,
qui seule en pénètre l'énigme ; le même train du monde
et de la vie, observé en quelque sorte du dehors par la
raison, est l'ordre de la nature, le domaine de la science
et de la philosophie. »

A toute religion il faut une doctrine, car la religion
est vie et l'homme ne peut vivre sa vie sans la penser (1).
Cette doctrine requiert l'intervention de l'intelligence
interprétant l'expérience religieuse. « Le sentiment fait
bien surgir Dieu en l'homme, mais si confusément encore que Dieu, à vrai dire, ne s'y distingue pas ou à
peine de l'homme lui-même... L'intelligence survient
donc au sentiment, et, se penchant en quelque sorte sur
lui, y opère à la façon d'un peintre qui, sur une toile
vieillie, retrouverait et ferait reparaître les lignes effa-
cées du dessin : telle est, à peu de chose près, la comparaison fournie par l'un des maîtres des modernistes.
Or, en ce travail, l'intelligence a un double procédé :
d'abord, par un acte naturel et spontané, elle traduit la
chose en une assertion simple et vulgaire ; puis, faisant
appel à la réflexion et à l'étude, travaillant sur sa pensée, comme ils disent, elle interprète la formule primitive
au moyen de formules dérivées, plus approfondies et
plus distinctes. Celles-ci, venant à être sanctionnées par
le magistère de l'Eglise, constitueront le dogme (2). »

En lisant cet exposé de l'immanentisme par Pie X, on
croirait entendre Sabatier : « L'émotion pieuse, écrit cet
auteur (3), par où j'entends le désir, le besoin et l'élan

(1) Sabatier, *Esquisse*...,t. I, p. 293.
(2) Encyclique *Pascendi Dominici gregis*, p. 15.
(3) *Esquisse*..., t. II, p. 234.

qui ébranlent le cœur tout entier et l'inclinent à Dieu, s'accompagne toujours d'une intuition par le moyen d'une image représentant devant la conscience l'objet qui produit ce genre d'émotion. Cette image, à son tour, se change, sous l'effet de la réflexion, en idée, en doctrine, en dogme. Telle est la genèse psychologique du phénomène religieux. Une logique abstraite et simpliste dit qu'il faut connaître pour adorer ; une psychologie historique montre que tout d'abord on désire, on prie, on adore pour connaître et que la définition de l'objet adoré se tire du culte qu'on lui adresse et du bienfait qu'on en attend. » Mus par la crainte des volontés mystérieuses et capricieuses qui dirigeaient, croyaient-ils, les phénomènes de la nature, les hommes primitifs auraient traduit ce sentiment par cette idée : *Dieu est fort.* Plus tard, à la crainte, continue Sabatier, succéda l'intérêt et à la formule *Dieu est fort* fut substituée celle-ci : *Dieu est juste.* Enfin, sous l'influence de l'amour, Dieu nous apparut sous un nouveau jour : *Dieu est Père.* De là trois étapes dans l'histoire religieuse de l'humanité : les religions de la nature avec leurs sacrifices humains, les religions de la loi ou de la justice, dont le Judaïsme est le type, et le christianisme.

Nous n'avons là que la croyance sous sa forme la plus simple. L'imagination, qui avait sur nos ancêtres des temps primitifs un empire considérable a créé la mythologie. L'image l'emportait alors sur l'idée. Peu à peu la mythologie s'est épurée et aux récits fantaisistes des aventures extraordinaires et souvent ridicules des dieux s'est substitué un corps de doctrine, le dogme. Le besoin d'unité dans la doctrine explique la nécessité d'un principe extérieur et supérieur qui sera l'Eglise. Aucune société ne vit sans une constitution et à une société doctrinale il faut une constitution doctrinale. Quiconque admet cette constitution est orthodoxe, quiconque s'en écarte est hérétique. « On ne voit surgir le dogme, au sens précis du mot, que lorsque la société religieuse, se distinguant de la société civile, devient une société morale se recrutant par adhésion volontaire. Cette société se donne, comme tout organisme, ce dont elle a besoin pour vivre, se défendre et se propager. La doctrine y devient nécessairement chose capitale, car dans sa doctrine elle exprime son âme, sa mission, sa foi. Il faut donc qu'elle la porte à un haut degré de généralité et de précision tout ensemble, assez élevé pour embrasser et traduire tous les moments de son expérience religieuse et pour éliminer les éléments étrangers ou hostiles (1). »

Les théologiens élaborent les dogmes — c'est leur œuvre — au moyen des concepts éphémères empruntés à la science et à la philosophie de l'époque. Aussi les dogmes eux-mêmes n'ont-ils qu'un temps ; ils naissent, deviennent surannés, meurent et parfois renaissent. « L'erreur de cette forme de la connaissance religieuse qu'on nomme orthodoxie, écrit Sabatier (2), c'est de méconnaître le caractère historiquement et psychologiquement conditionné de toutes les doctrines et de vouloir élever à l'absolu ce qui est né dans le temps et doit nécessairement se modifier pour vivre dans le temps. » La route suivie par l'Eglise à travers les âges est comme jonchée de débris de dogmes disparus. L'adaptation est la condition de la vie ; un dogme qui resterait immuable ne serait bientôt plus.

Le dogme, ainsi entendu, n'opprime plus la raison humaine ; il se laisse manier et transformer à volonté ; rien de plus facile que de le mettre en harmonie avec l'état de la langue, des sciences et de la philosophie. Pour se prêter à l'évolution, il faut de toute nécessité qu'il représente le relatif et non l'absolu, ce qui apparaît à notre conscience et non ce qui est. Les dogmes ne sont pas des expressions exactes et adéquates de la réalité : ce sont tout au plus des symboles, des formules d'une réelle utilité au point de vue pédagogique et disciplinaire (3), des centres de ralliement et des moyens de propagande.

En résumé, pour les modernistes et les protestants libéraux, la Révélation est immanente, irrationnelle, continue et relative. Les dogmes naissent de l'expérience religieuse créatrice et féconde, ne relèvent pas de la raison, sont sujets à changement et laissent l'Absolu hors de leurs prises.

(1) Sabatier, *op. cit.*, t. I, p.271.
(2) *Ib.*, p. 407.
(3) *Ib.*, p. 291.

Les idées de Newman rappellent le protestant converti. L'illustre cardinal accorde que la religion est en droit démontrable par la raison, mais il nie qu'en fait la raison seule puisse apporter une conviction absolue (1). « Si je déclare m'en tenir à mon propre sens, partant de la religion naturelle pour m'acheminer à trouver la preuve du christianisme, n'ai-je pas l'air de renoncer à démontrer soit la religion naturelle, soit la religion révélée. Eh oui ! j'y renonce ; non que je mette en doute la possibilité de cette démonstration. La vérité en soi repose certainement sur des fondations dont on peut démontrer intrinsèquement, objectivement, abstraitement la solidité. Mais il ne suit pas de là que les arguments qu'on peut apporter en sa faveur soient irrésistibles et excluent positivement toute réponse. Décisives, irrésistibles, ces épithètes sont relatives et se rapportent à une question de fait. Pris en eux-mêmes, ils devraient pouvoir ce que peut-être dans le cas particulier ils ne peuvent pas. La vérité de la Révélation est en soi démontrable ; mais il ne suit pas qu'elle soit irrésistible. Sans quoi comment arriverait-il qu'on lui résiste ? Entre ce qu'elle est en soi et ce qu'elle est par rapport à nous il y a un abîme. La matière est lumineuse comme le christianisme est vrai. Mais il est des aveugles qui ne perçoivent pas cette lumière et des hommes qui ne reconnaissent pas cette vérité. C'est leur faute et non celle de la vérité (2). »

Considérée de ce point de vue, dans l'individu qui croit, la foi ne dépend pas de la raison. « Elle semble opposée à la raison sans lui être opposée en effet ; elle n'est qu'indépendante et distincte de ce qu'on appelle recherches philosophiques, systèmes intellectuels, séries d'arguments et autres choses semblables (3). » « Aucune doctrine de l'Eglise ne peut être rigoureusement ni prouvée ni condamnée par l'histoire (4). » « Je tiens... que des probabilités suffisent à édifier une preuve légitime et qui suffit à donner la certitude...

(1) Pour exposer ici le système de Newman, nous nous servons des emprunts que lui fait BRÉMOND dans la *Psychologie de la foi d'après Newman*.
(2) BRÉMOND, *op. cit.*, p. 350.
(3) *Ib.*, p. 175.
(4) *Ib.*, p. 255.

Nous... n'avons pas le droit d'attendre une démonstration logique pour terminer une enquête régulière religieuse... Au contraire nous sommes obligés en conscience de demander la certitude à des arguments qui, mis en forme, ne parviendraient pas à satisfaire les exigences rigoureuses de la science (1). »

Le peu d'influence de la raison vis-à-vis de la foi vient de ce que la foi a pour objet le réel ou le concret et que la raison nous laisse forcément dans l'abstrait. « Combien peu les syllogismes influent ici réellement sur la formation de nos opinions ! En vérité nous ne faisons pas dépendre nos opinions de ces preuves si compliquées, mais de ces croyances et idées préexistantes, sur lesquelles, avant toute dispute, on s'entend ou l'on diffère irréductiblement, vues et croyances ensevelies au plus profond de notre nature ou de nos particularités personnelles... Un exercice de l'esprit qui s'occupe surtout d'idées abstraites et non de choses réelles, comment sera-t-il compétent en face de réalités, sinon d'une façon partielle et indirecte ? Voilà pourquoi la logique ne peut nous rendre jamais absolument certains d'un fait (2). »

Chez le plus grand nombre la foi précède les preuves et ce n'est pas un mal. « Croyons ce que nous ne pouvons ni voir ni savoir ; affirmons avant d'avoir prouvé. Ce semblant du paradoxe est le secret du bonheur (3). » « Croyez d'abord ; les preuves viendront après... Trêve à cette impatience du miracle et de la preuve parfaite. Croyons d'abord ; les preuves suivront notre foi. Les preuves sont bien plus la récompense que le fondement de la foi (4). »

Si vous vouliez raisonner votre foi, que de temps ne vous faudrait-il pas pour arriver au but, en supposant que le raisonnement puisse aboutir ! « La vie n'est pas assez longue pour une religion de syllogismes (5). » « Si nous ne voulons commencer que par des preuves démonstratives, nous n'aurons jamais fini de commen-

(1) BRÉMOND, *op. cit.*, p. 351.
(2) *Ib.*, p. 72 ; cf. p. 139.
(3) *Ib.*, p. 331.
(4) *Ib.*, p. 341.
(5) *Ib.*, p. 76.

cer. Nous nous consumerons à poser les fondements de
l'édifice : nous transformerons la théologie en apologétique, les théologiens en collectionneurs de textes... La
vie est pour l'action. Si vous voulez tout prouver, vous
n'agirez jamais (1). » Il est si difficile de trouver des
arguments convaincants ! « N'est-il pas évident que
nous aurions de la peine à trouver non seulement de
quoi convaincre un incroyant ergoteur, mais aussi de
quoi nous satisfaire nous-mêmes (2) ? » S'agit-il, par
exemple, de démontrer l'existence de Dieu ? « Quand on
regarde le monde, tel qu'il est, on ressent dès l'abord
une impression de surprise et d'épouvante : Dieu est
absent. Les preuves de son contrôle sont bien indirec-
tes, les traces de son action bien obscures. Il se tait ;
on dirait que quelqu'un l'a volé de son œuvre... Pourquoi ne nous donne-t-il pas quelque connaissance immédiate de lui-même ?... Pourquoi est-il impossible de
nier sans absurdité flagrante sa volonté, ses attributs,
son existence (3) ? » « Si ce n'était pas cette voix qui
parle si clairement à ma conscience et à mon cœur, le
spectacle du monde ferait de moi un athée ou un pan-
théiste ou un polythéiste (4). »

Si encore donner des preuves était toujours une mar-
che en avant ! Les preuves nous éloignent plutôt de la
foi. « Pour l'ordinaire, démontrer une vérité par des
arguments c'est la rendre beaucoup plus douteuse,
beaucoup moins effective (5). »

Parfois on ne peut se passer d'argumenter pour
arriver à la certitude ; mais, comme tant d'autres alliés
nécessaires, il n'est pas toujours facile de congédier
le raisonnement quand il a fini sa nécessaire besogne.
« Mettre les choses en question quand on s'adonne à
cet exercice devient bientôt une habitude. On raisonne,
on conclut, on ne sait plus affirmer. Les raisons de
croire suggèrent des raisons de ne pas croire... Une
litière de syllogismes obstrue les canaux de l'esprit : les
questions déjà résolues deviennent problématiques ; on

(1) BRÉMOND, *op. cit.*, p. 76.
(2) *Ib.*, p. 347.
(3) *Ib.*, p. 347.
(4) *Ib.*, p. 17.
(5) *Ib.*, p. 76.

voit souvent des vides dans la trame des événements
d'autrefois (1). » « L'immixtion de la raison ou de la critique dans l'étude de l'Ecriture Sainte nous vaut la
question biblique. Combien mieux eût-il valu se conten-
ter des décisions de l'Eglise et ne pas pousser la curiosité
plus loin (2)! » Bientôt on ne saura plus ce qu'est ou n'est
pas l'Ecriture. La raison fomente la controverse et la
dispute, affaiblit les principes d'action en les soumettant
à l'analyse, familiarise avec les choses saintes, substi-
tue enfin à l'adoration et à la pratique une sorte de
philosophie et de littérature religieuses (3).

« L'opposition entre la foi et la raison provient de leur
nature même : la raison est une faculté d'analyse et de
spéculation, la foi une faculté d'intuition et d'action ;
la raison veut un maximum et la foi un minimum d'évidence (4). »

Ce n'est pas à dire que la raison ne rend aucun service
à la foi. Elle lui en rend beaucoup et d'inappréciables.
« Dans toute opinion et dans toute manière d'agir, la
raison a un pouvoir de critique et d'analyse....; en
conséquence.... si les dogmes admis par la foi ne peuvent recevoir l'approbation de la raison, ils n'ont pas le
droit d'être regardés comme vrais (5). » De plus, la
raison dans les matières de foi « répare ses propres
méfaits et redresse... le tort qu'elle a eu dans un domaine
qui n'est pas le sien (6). » En d'autres termes, elle réfute
les objections qu'élèvent les rationalistes contre la foi.
Les motifs de crédibilité « sont plutôt des réponses à des
objections que des arguments directs en faveur de la
Révélation ; les arguments directs eux-mêmes sont bien
plus forts pour réfuter des adversaires captieux que pour
convaincre ceux qui cherchent (7). » Les preuves
« peuvent frapper les insouciants, comme les frapperait
un miracle, qui, toutefois, n'est pas une condition nécessaire de croyance. De plus, elles sont souvent comme la
pierre de touche de la bonne foi, les incrédules se

(1) BRÉMOND, op. cit., p. 257.
(2) Ib., p. 222.
(3) Ib., p. 124.
(4) Ib., p. 144.
(5) Ib., p. 138.
(6) Ib., p. 117.
(7) Ib., p. 118.

condamnant eux-mêmes en les rejetant. Il arrive encore que des personnes religieuses sont quelquefois embarrassées et s'égarent dans leur route, sont accablées par des objections, voient des difficultés insurmontables, offrent une proie facile à la subtilité d'esprit ou succombent sous le poids d'une excessive anxiété. Dans ces circonstances, les différentes preuves du christianisme seront un soutien, un refuge, un encouragement, un point de ralliement pour la foi, une bienfaisante économie ; et même pour les chrétiens les mieux affermis une source de reconnaissance et d'admiration respectueuse, ainsi qu'un moyen de fortifier en eux la foi et l'espérance (1). » « La logique, à proprement parler, ne prouve rien... Elle trace la carte de la pensée ; son rôle est négatif ; elle détermine le point où les différences d'opinion sont irréductibles, le degré de probabilité d'une conclusion (2). »

Si la foi ne dépend pas de la raison, sur quoi donc repose-t-elle ? Sur certaines prédispositions morales. Notons d'abord la différence qui existe entre inférence et assentiment. L'adhésion donnée à la conclusion d'un raisonnement est toujours conditionnée à la vérité des prémisses ; ce n'est pas encore l'adhésion pure et simple (3). « Quelle que soit la plénitude, quelle que soit la précision des raisons que nous pouvons donner, quelque systématique que soit notre méthode, quelque claires et saisissables que soient nos preuves, cependant, lorsque notre argument est réduit à ses simples éléments, il y reste toujours en dernière analyse quelque chose d'indémontrable et sans quoi notre conclusion sera aussi peu logique que notre foi peut le paraître aux gens du monde. » Ce quelque chose d'indémontrable, ce sera la confiance en nos sens, en notre mémoire, en nos facultés intellectuelles à certains principes, comme la stabilité des lois de la nature (4).

La conclusion du raisonnement posée, l'esprit donne ou refuse son assentiment suivant les conditions psychologiques. « Assentiment et inférence ne vont pas

(1) BRÉMOND, *op. cit.*, p. 158.
(2) *Ib.*, p. 71 ; cf. p. 219.
(3) *Ib.*, p. 48.
(4) *Ib.*, p. 176.

toujours ensemble et les variations de celle-ci ne font pas varier celui-là. On trouve quelquefois l'un sans l'autre. Si l'un est faible il ne suit pas que l'autre le soit aussi : enfin ils sont parfois en conflit l'un avec l'autre (1). » Cette distinction n'empêche pas toute connexion. « Les arguments qui infirment une conclusion tendent naturellement à arrêter l'assentiment ; plus les preuves seront solides et plus l'esprit sera incliné à donner son adhésion (2). »

« L'assentiment s'explique par des présomptions. Les présomptions de la foi sont *les prédispositions mora-les, l'appréhension instinctive de l'omniprésence de Dieu et de l'action constante et universelle de sa Providence, que créent en nous la sainteté et l'amour* (3), *une attention exacte aux enseignements de notre cœur et la comparaison entre les exigences de la conscience et les doctrines de l'Evangile* (4). » « Les chrétiens croient... sur quelque chose de distinct de l'évidence...avec une foi plus personnelle et plus vivante que l'évidence ne pourrait la créer. Une évidence toute pure ne pourrait les conduire qu'à une opinion, à une connaissance passive ; mais les anticipations et les présomptions sont la création de l'esprit lui-même, et la foi qui existe en eux, qu'ils soient riches ou pauvres, savants ou ignorants, jeunes ou vieux, est une foi active. Ils n'ont pas entendu parler d'*interruption du cours de la nature*, de *miracles évidents*, *d'hommes qui n'aient été ni trompeurs ni trompés*, et autres lieux communs apologétiques. Ils n'ont rien recueilli de tout cela ; mais ils trouvent que la religion qui leur est proposée donne un corps aux désirs spontanés, aux pressentiments de leur âme ou les font naître en eux (5). »

A cette espèce de sens intellectuel, qu'il ne faut pas confondre avec la simple compréhension d'un argument scientifique, Newman donne le nom d'*illative sense.* « C'est une faculté d'entrer avec une justesse instinctive dans les principes, les doctrines et les faits, de discerner

(1) BRÉMOND, *op. cit.*, p. 45.
(2) *Ib.*, p. 47.
(3) *Ib.*, p. 178.
(4) *Ib.*, p. 291.
(5) *Ib.*, p. 291.

promptement quelle conclusion nécessaire ou simplement convenable s'en dégage. C'est l'intime compréhension d'un bloc de données intellectuelles. Comme les
côtés d'un polygone régulier inscrit dans un cercle tendent à ce cercle comme limite, ainsi la conclusion pré-
vue d'un raisonnement en matière concrète n'est jamais
atteinte. Le nombre et la direction des prémisses accu-
mulées font prévoir la conclusion. Toutes ces prémisses
convergent là et s'en rapprochent indéfiniment, mais
sans jamais l'atteindre logiquement. Survient une autre
activité, qui a mesuré la force, la variété et la multitude
de ces prémisses ; elle écrase les objections, elle neutra-
lise les théories adverses, elle élucide graduellement les
difficultés..., elle s'arrête parfois pour réagir bientôt
avec une nouvelle vigueur...; enfin, de mille façons
une âme formée par l'expérience arrive à deviner sûrement l'absolue vérité d'une conclusion que les meilleurs
raisonnements ne montraient que souverainement pro-
bable (1). »

L'illative sense juge d'après la conscience. Il faut
donc que le chrétien saisisse, en quelque sorte, le Credo
gravé au dedans de lui-même. « Il faut, dit Brémond
interprétant la pensée de Newman (2), qu'au jour de la
rencontre entre les deux Credo (celui de Nicée et celui de
la conscience), tout ce qu'ajoutera le second s'applique,
s'adapte exactement, étroitement au premier, se juxtapose à lui sans le déborder d'aucune part, qu'il y ait
entre eux les relations de portrait à ébauche, de bijou
à écrin, d'édifice à fondation, de réponse à demande,
d'harmonie à mélodie. » C'est dans ce sens que l'âme est
naturellement chrétienne. « On peut même se demander
s'il est dans l'Ecriture quelque doctrine essentielle qui
ne se trouve dans la révélation morale de la conscience.
Que trouvons-nous en effet dans ce Credo ? La foi à un
principe extérieur infiniment élevé au-dessus de nous,
parfait, incompréhensible et vers qui nous sommes instinctivement poussés ; le pressentiment d'un jugement à
venir ; la connaissance de cette sagesse, bonté et puis-
sance sans limites, qui se montre à nous dans la créa-

(1) BRÉMOND, *op. cit.*, p. 266.
(2) *Ib.*, p. 345.

ture visible ; l'admission des lois morales, auxquelles tout doit se soumettre. Il y a même un commencement d'espérance à l'efficacité morale du repentir (1). » Les désordres de la nature confirment le dogme du péché originel (2) ; l'espoir du salut, la tendance à prier, l'abandon de l'âme à Dieu font pressentir la Rédemption. Notre âme élevée à l'ordre surnaturel a ses postulats surnaturels ; elle a soif de la Révélation ; elle réclame une lumière et une force, que ses propres facultés lui refusent. Il n'est pas nécessaire de faire un grand effort d'attention pour deviner ses aspirations ; elle nous crie ses besoins. Une seule chose la calme : le catholicisme. Aucune forme religieuse ne répond mieux aux postulats immanents de son activité intérieure. Il existe des affinités profondes entre le catholicisme et notre âme. Nous sentons qu'il est un des éléments de notre vie, qu'il nous le faut, comme il faut de la nourriture au corps. Aussi, quand nous sommes mis en face de la religion du Christ, nous sentons-nous instinctivement attirés vers elle ; notre cœur y tend comme vers son bien et notre esprit comme vers le vrai.

L'immanence ainsi entendue diffère de l'immanence de Sabatier et des protestants libéraux. Newman admet une Révélation extérieure, objective, des dogmes venus à nous du dehors, par la chaîne des témoignages ; mais à cette révélation il juxtapose une sorte de révélation intérieure, qui concorderait avec la précédente et nous manifesterait par cet accord la vérité de celle-ci, sans qu'il soit besoin de recourir à l'histoire et au raisonnement ou, du moins, à un raisonnement logiquement complet.

Tel est dans ses grandes lignes le système de l'irrationnel, dont l'immanence est le complément nécessaire. Newman en a été le théoricien de génie. Brunetière, l'un de ses principaux partisans, a écrit : « L'indépendance de notre pensée n'aura à souffrir que dans la mesure où la foi serait affaire d'expérience et de raisonnement. Mais précisément, la foi n'est affaire ni de raisonnement ni d'expérience. On ne démontre pas la divinité du

____

(1) Brémond, *op. cit.*, p. 345.
(2) *Ib.*, p. 347.

Christ ; on l'affirme ou on la nie ; on y croit ou on n'y croit pas, comme à l'immortalité de l'âme, comme à l'existence de Dieu. C'est pourquoi..., si l'on examine froidement la question, nous n'avons rien à sacrifier... Chacune d'elles (la science et la religion) a son royaume à part ; et puisqu'il ne dépend que de nous de nous rendre les sujets de l'une et de l'autre ou de toutes les deux à la fois, que veut-on, que peut-on demander davantage (1) ? »

Ailleurs Brunetière déclare que vis-à-vis de la foi la raison n'est pas impuissante, mais insuffisante (2). Ailleurs encore il n'a pas assez d'invectives contre les méfaits de la raison. « Considérons donc un peu l'histoire de l'humanité. Nous voyons bien les ruines que la raison a faites ; mais nous avons plus de peine à discerner ce que la raison a édifié... Nous ne devons à la raison aucun des principes sur lesquels les sociétés reposent ; et la preuve, c'est que, sociétés et principes — voulez-vous les ébranler jusque dans leurs fondements ? — on pourrait presque dire qu'il suffit d'essayer de les rationaliser... La raison a si peu de rapports avec la vie qu'aussitôt qu'elle entreprend de la régler, elle la trouble. Ses inspirations ne nous servent en quelque sorte qu'à nous déshumaniser (3). »

Sur quoi donc reposent nos connaissances religieuses ? Sur le sentiment. « Evidemment le sentiment ou le cœur, comme disait Pascal, ne saurait nous apprendre que César battit Pompée dans la journée de Pharsale ni que la terre accomplit en 365 jours sa révolution autour du soleil ! Mais la question se pose-t-elle comment un honnête homme doit agir dans une circonstance difficile ou encore s'il y a du divin dans le monde, je me fierai bien au cœur autant qu'à la raison... Toute religion se définit par l'affirmation même du surnaturel ou de l'irrationnel (4). » « Je n'ai dit nulle part, ajoute-t-il (5), que l'on crût sans raison de croire ; mais il ne me paraît pas que cette raison

(1) *Questions actuelles*, p. 32.
(2) *Ib.*, p. 370.
(3) *Ib.*, p. 371.
(4) *Ib.*, p. 380.
(5) *La science et la religion*, p. 62, note.

ou ces raisons soient de l'ordre intellectuel. On croit parce que l'on veut croire, pour des raisons de l'ordre moral, parce que l'on sent le besoin d'une règle, et que ni la nature ni l'homme n'en sauraient trouver une en eux. Mais le difficile ou l'impossible est de se donner à soi-même le sentimemt de ce besoin et c'est en ce sens qu'on ne se donne pas la foi. »

Avec ces idées Brunetière devait estimer fort peu la scolastique ; il ne s'en cache pas. « La grande erreur de la scolastique, écrit-il (1), n'est que d'avoir indistinctement appliqué le syllogisme au traitement de toute croyance et à la décision de toute controverse. »

Blondel n'a pas meilleure idée de la scolastique. « C'est la conception même de la raison et de la philosophie, telle qu'elle est admise par les scolastiques comme un héritage du passé, qui enferme le germe de tous les combats livrés depuis lors contre l'idée chrétienne (2). » « L'esprit philosophique qui engendrait la scolastique est celui même qui s'est tourné contre elle ; et l'esprit philosophique qui l'a détruite est celui même qui, en se travaillant, lui aussi, contribuera au progrès de la philosophie chrétienne (3). » La scolastique « n'a mérité le nom de philosophie chrétienne ni philosophiquement ni chrétiennement (4). » Son apologétique est franchement mauvaise. « L'apologétique doctrinale laisse intact le problème qui nous apparaît aujourd'hui comme le fond même de la philosophie religieuse. » Ne nous plaignons pas de son impuissance croissante ; ce n'est pas un mal ; elle a mérité son sort (5). Au reste les autres apologétiques ne valent pas mieux. Rejetons avec elle et l'apologétique scientifique, car « il n'y a pas plus accord ou conflit possible entre les sciences et la métaphysique qu'il n'y a rencontre entre deux lignes placées dans des plans différents » (6) ; et l'apologétique

(1) *Questions actuelles*, p. 370.
(2) *Lettre sur les exigences de la pensée contemporaine en matière d'apologétique et sur la méthode de philosophie dans l'étude du problème religieux* (*Annales de philosophie chrétienne*, t. XXXIII, p. 337, 467, 599 ; t. XXXIV, p. 131, 255, 337). Le passage que nous venons de citer est à la page 131 du t. XXXIV des *Annales*.
(3) *Ib.*, p. 137.
(4) *Ib.*, p. 134.
(5) *Ib.*, t. XXXIV, p. 599.
(6) *Ib.*, p. 341-343.

historique « si les preuves de fait peuvent avoir la plus
grande valeur historique, toutefois en ce qui touche
l'ordre révélé, il est de raison et de foi tout ensemble
qu'elles ne sont point apodictiques » (1) ; et l'apologie
psychologique « je montrerais... comment, à mon gré,
cette philosophie, qui doit demeurer exclusivement
rationnelle pour demeurer efficace, ne doit pourtant
pas rester sur le simple terrain psychologique, ni se bor-
ner à prendre l'âme par ses intimes besoins ou par des
raisons de convenance morale et sociale : des esprits
nourris, comme ceux de nos contemporains, à l'école du
criticisme, on ne les atteint que par des arguments d'une
autre portée (2) ». L'apologiste ferait mieux de ne pas
s'appuyer sur le miracle. « Comme l'idée des lois géné-
rales et fixes dans la nature et l'idée de la nature elle-
même n'est qu'une idole ; comme chaque phénomène
est un cas particulier et une solution unique, il n'y a
sans doute, si l'on va au fond des choses, rien de plus
dans le miracle que dans le moindre des faits ordinaires.
Mais aussi il n'y a rien de moins dans le plus ordinaire
des faits que dans le miracle (3). » Par suite, « c'est un
renouvellement foncier de méthode et de doctrine qui
seul peut, ce semble, tirer du grand mouvement de la
pensée humaine depuis cinq siècles tout le parti nécessaire (4). »

Quelle sera donc la nouvelle méthode ? L'immanence,
qui doit se trouver au fond de toute nouvelle philosophie. Elle consiste « à mettre en équation, dans la
conscience même, ce que nous paraissons penser et vouloir et faire, avec ce que nous faisons, nous voulons et
nous pensons en réalité (5). » « Elle considère le surnaturel non comme réel sous sa forme historique, non
comme simplement possible, non comme gratuit ou
comme facultatif, à la manière d'un don proposé sans
être imposé ; non comme convenable et approprié à la
nature, dont il ne serait qu'un suprême épanouissement,

---

(1) *Lettre sur les exigences de la pensée contemporaine*, etc. p. 311.
(2) *Annales*, t. XXXIII, p. 189.
(3) *Ib.*, p. 345. Nous avons déjà retrouvé cette pensée, exprimée
dans les mêmes termes, sous la plume de Loisy (p. 25). Le plagiaire
c'est LOISY et non BLONDEL.
(4) *Ib.*, t. XXXIV, p. 131.
(5) *Ib.*, t. XXXIII, 605.

non comme ineffable au point d'être sans racines en notre pensée et en notre vie, mais... comme indispensable en même temps qu'inaccessible à l'homme (1). » Cette méthode s'impose, car « rien ne peut entrer en l'homme qui ne sorte de lui et ne corresponde en quelque façon à un besoin d'expansion, et que ni comme fait historique ni comme enseignement traditionnel ni comme obligation surajoutée du dehors, il n'y a pour lui vérité qui compte et précepte admissible, sans être, de quelque manière, autonome et autochtone (2). »

Montrer que le surnaturel est postulé par la pensée et l'action, tel devrait être le but de l'apologiste. « Il est impossible que l'ordre surnaturel soit dans l'ordre naturel, auquel il est nécessaire, et impossible qu'il ne soit pas, puisque l'ordre naturel tout entier le garantit en l'exigeant (3). » « Le progrès de notre volonté nous contraint à l'aveu de notre insuffisance, nous conduit au besoin d'un surcroît (4). » L'action ne peut aller jusqu'au bout de son développement, et comme ce qui lui manque est inaccessible aux forces de la nature, il doit prendre le nom de surnaturel.

Parlant de l'argument tiré des affinités de l'âme, Blondel fait cette réflexion : « Un bel abri qu'une toile de Raphaël contre l'épée impitoyable de la dialectique ! » Et encore : « Ne disons pas que nous atteignons notre adversaire quand nous ne le touchons pas (5). »

Fonsegrive est d'un tout autre avis. A l'entendre, le seul moyen de convaincre les contemporains, tout pénétrés de la philosophie de Kant, est le recours à l'argument psychologique. Il y a identité entre le catholicisme et la vie ; les lois du catholicisme sont les lois mêmes de la vie. Le catholicisme seul apporte à l'homme la satisfaction de tous ses besoins artistiques, intellectuels, moraux ou sociaux. La vie ne peut être vécue sans une doctrine de la vie ; et cette doctrine, où

(1) *Annales*, t. XXXIII, p. 609.
(2) *Ib.*, p. 600.
(3) *L'Action*, p. 462.
(4) *Annales*, t. XXXIII, p. 610. Blondel dit au même endroit, de l'ordre surnaturel qu'il « demeure toujours au delà de la capacité, des mérites, des exigences de notre nature et même de toute nature concevable. »
(5) *Ib.*, p. 468.

la trouverons-nous sinon dans le catholicisme (1) ?
Fonsegrive ne rejette pas les bases traditionnelles sur
lesquelles les théologiens font reposer la foi ; il constate
seulement que, de nos jours, les incroyants en contes-
tent la solidité et préfère les conduire par d'autres voies.

Le P. Laberthonnière abonde dans le même sens (2).

Il suffit de lire les propositions soumises à la signa-
ture de l'abbé Bautain (8 septembre 1840) et de
Bonnetty (11 juin 1855), l'encyclique *Qui pluribus*
(9 novembre 1846), la lettre de Pie IX à l'archevêque
de Munich (11 décembre 1862), la Constitution *De fide*
du concile du Vatican, la proposition 13 du Syllabus,
l'encyclique *Æterni Patris* (4 août 1879), dans laquelle
Léon XIII recommande chaleureusement la scolastique,
enfin l'encyclique *Pascendi Dominici gregis* (8 septembre 1907), dirigée contre les modernistes, pour se convaincre que l'Église ne partage pas les idées des anti-
intellectualistes sur les rapports de la raison et de la foi.
La raison et la foi ne sont, à ses yeux, ni des ennemies,
ni des étrangères, mais des alliées ; elles se prêtent un
mutuel concours. La première pose les fondements sur
lesquels s'établit la seconde ; celle-ci, à son tour,
éclaire celle-là et élargit son horizon.

Voici quelques-unes des propositions auxquelles
l'Église nous demande de souscrire sous peine de témé-
rité ou même d'hérésie. La raison peut démontrer avec
certitude l'existence, la nature et les attributs de
Dieu (3), la spiritualité de l'âme, la liberté de l'homme (4), l'authenticité de la Révélation judaïque et de la
Révélation chrétienne (5), la résurrection de Jésus-
Christ (6) et en général les fondements de la foi (7).

---

(1) *La cause de la croyance et l'Apologétique* dans la *Quinzaine,*
janvier 1897.

(2) Le P. Laberthonnière s'est occupé de la question apologétique
dans *Essais de philosophie religieuse, Réalisme et idéalisme, Le
problème religieux (Annales de philosophie chrétienne,* février-
mars 1897, p. 497 et 615) et dans divers articles de revues.

(3) *Concile du Vatican,* ses. III, chap. II ; proposition soumise à
Bautain et à Bonnetty ; lettre de Pie IX à l'archevêque de Munich.

(4) Proposition soumise à Bonnetty.

(5) *Concile du Vatican,* ses. III, chap. II ; propositions soumises
à Bautain ; encyclique *Qui pluribus.*

(6) Proposition soumise à Bautain.

(7) *Concile du Vatican,* ses. III, chap. III ; proposition soumise à
Bautain et à Bonnetty.

L'existence de Dieu se prouve par le spectacle de la nature (1) ; l'authenticité de la Révélation mosaïque et de la Révélation chrétienne et la résurrection du Sauveur par la tradition (2) ; la divinité de la religion chrétienne par la naissance, la mort, la résurrection, la sagesse, la doctrine, les miracles et les prophéties de son divin fondateur, les miracles et les prophéties des saints et la fermeté des martyrs (3). Plusieurs religions se réclament de Jésus-Christ et prennent le nom de chrétiennes ; la véritable Eglise se manifeste par sa fécondité, sa sainteté, son unité et sa stabilité (4). Nous trouvons dans les signes externes des motifs suffisants d'adhérer à la Révélation divine ; on aurait tort de les rejeter et de ne regarder comme valables que l'expérience, l'inspiration privée ou le sentiment (5). Il serait plus vrai de dire que les signes internes sont eux-mêmes insuffisants (6). La raison, aidée de la Révélation et de la grâce, conduit à la foi (7). Il serait déraisonnable d'exiger d'un incrédule qu'il ait foi en l'existence de Dieu, en la spiritualité de l'âme, en la liberté de l'homme, en la résurrection de Jésus-Christ et en la Révélation avant de lui donner des preuves de ces vérités (8). Cela étant, c'est bien à tort qu'on reproche aux philosophes scolastiques de faire une trop large place à la raison dans la foi (9).

Si nous consultons le bon sens, il nous parlera exactement comme nous parle l'Eglise. Quand on nous demande compte de notre foi, n'est-ce pas à la raison que nous recourons d'instinct ? Ne demandons-nous pas aux arguments aide et secours ? Qu'est-ce que la foi ? Elle se définit : une vertu surnaturelle par laquelle, sous la motion et avec l'aide de la grâce, nous tenons comme certaines les vérités révélées par Dieu, mus par ce motif que Dieu ne peut ni se tromper ni nous

(1) *Concile du Vatican*, ses. III, chap. ii.
(2) Propositions soumises à Bautain.
(3) Encyclique *Qui pluribus*.
(4) *Concile du Vatican*, ses. III, chap. iii.
(5) *Ib.*, canons 3 et 4.
(6) Encyclique *Pascendi Dominici gregis*, p. 60.
(7) Proposition soumise à Bautain et à Bonnetty.
(8) Propositions soumises à Bautain et à Bonnetty ; encyclique *Qui pluribus*.
(9) *Syllabus*, prop. xiii ; encyclique *Æterni Patris*.

tromper. Dieu est infaillible et vérace ; or il nous a révélé les dogmes ; donc les dogmes sont vrais. Tel est le raisonnement qui, si nous voulons être logiques, c'est-à-dire ne pas nous aventurer en aveugles, peut seul faire naître dans notre esprit la croyance aux dogmes.

Nul, on le voit, n'a le droit d'affirmer un dogme, s'il ne sait, au préalable, que Dieu existe, que Dieu ne peut ni se tromper ni nous tromper, que Dieu a parlé et, de plus, s'il ne vient à connaître ce que Dieu a dit. Dieu existe, Dieu ne peut ni se tromper ni nous tromper ; ce sont là des propositions d'ordre philosophique. Comment pourrons-nous nous convaincre que Dieu a parlé dans les temps anciens, à nos premiers parents d'abord, puis aux patriarches, à Moïse, aux prophètes et enfin aux apôtres, sinon en faisant de l'histoire ? On nous met en main des livres, où se trouve, dit-on, le contenu de la Révélation ; pouvons-nous nous en assurer sans entrer dans le domaine de l'histoire et de la critique ?

Eh ! quoi, les questions qui intéressent la religion et la morale, quelle que soit leur nature, devraient-elles se traiter suivant une méthode spéciale ? Les faits religieux de l'antiquité nous seraient-ils connus autrement que par la tradition, et les vérités religieuses abstraites autrement que par le raisonnement ? Cette différence de méthode ne se justifie pas. L'esprit est un : il n'a pas deux intelligences, l'une pour les sujets religieux, l'autre pour les sujets profanes. Il ne voit pas les faits passés, seraient-ils d'ordre surnaturel ; il les suit par la chaîne des témoignages. Il n'a pas d'œil spécial fixé sur les êtres du monde invisible ; il s'élève à eux en se servant comme piédestal du monde visible, c'est-à-dire par voie déductive.

Pourriez-vous, sans le faire sourire, tenir devant un libre penseur le langage suivant: « En matière religieuse la logique conduit au doute, pas plus loin ; aussi n'est-ce pas au nom de la logique que je crois. En philosophie et en histoire il faut des preuves ; moi je n'en ai pas besoin ; si elles se présentent à moi, ce n'est pas sur elles que se base ma foi. En philosophie et en histoire nous devons nous garder de faire appel à l'irrationnel, l'intervention de l'irrationnel étant plutôt un motif de douter qu'un motif de croire. Dans le domaine religieux, c'est autre

chose; l'irrationnel gagne et légitime la conviction. »
« Je suis à peu près d'accord avec vous, répondrait le
libre penseur : à nous la raison, à vous l'irrationnel ;
à vous les femmes et les enfants, qui vivent en général
plus de sentiment que de raison ; à nous les hommes
plus accessibles d'ordinaire à la voix de la logique. Vous
nous faites la part belle ; merci. »

Si l'acte de foi ne se justifiait pas par la raison, par
quoi le légitimer ? La certitude avec laquelle nous adhé-
rons aux vérités révélées, quelque ferme qu'elle soit, ne
porte pas en elle-même sa justification. « Il y a des certitudes d'erreur aussi réelles, aussi tranquilles, aussi
intenses, aussi pleines de leur propre évidence que les
certitudes de vérités. La certitude n'est en soi qu'un sentiment de bonne santé intellectuelle, qui peut tromper,
comme le sentiment de bonne santé physique. La critique
juge l'une comme le médecin juge l'autre (1). »

À quoi reconnaîtrons-nous donc que notre certitude
est une certitude de vérité ? Serait-ce à la grâce qui
informe l'acte de foi ? Ce criterium n'a aucune valeur ou
plutôt ne saurait trouver d'application ; car pour savoir
que la grâce informe l'acte de la foi, il faut avoir la foi.
La certitude de la foi précédant logiquement la certitude
de la possession de la grâce de foi, ce n'est point par
celle-ci que nous pourrons connaître celle-là. Aucun
immanentiste n'osera prétendre que nous saisissons
directement en nous la grâce par une espèce de sensa-
tion ou d'intuition spéciale. Au reste l'acte de foi, même
informé par la grâce, est un acte psychologique et reste
soumis aux lois qui régissent les actes psychologiques
naturels. Grâce n'est pas miracle. La grâce se surajoute
à la nature ; elle ne la modifie pas. La grâce surnatu-
ralise l'acte ; elle ne le légitime pas. La conviction
surnaturelle ou l'acte de foi se justifie comme se justifie une conviction quelconque.

Par quoi donc garantirons-nous la vérité de nos
croyances religieuses ? Quels pourraient bien être, en
dehors de la raison, les procédés du critique qui désirerait
discerner la vraie religion des fausses ? Dois-je me tour-
ner du côté de l'instinct et dire : la religion catholique

(1) Baudin, *Revue de philosophie*, t. IX, 1906, p. 285.

est la vraie parce que je l'ai embrassée sous la poussée de
l'instinct? Impossible d'aboutir par cette voie. L'instinct
est inné, impulsif, uniforme et, dans certaines limites,
infaillible et immuable; tels sont les caractères par
lesquels on le distingue des autres actes psychologiques.

Qui oserait dire, sans se couvrir de ridicule, que la
foi est commune à tous les hommes, en tous temps
et en tous lieux, qu'elle ne subit ni hausse ni baisse,
qu'elle ne s'émousse pas, même sous l'influence des
passions? Il suffit d'ouvrir les yeux pour voir que beaucoup n'ont pas de religion et que les religions répan-
dues dans le monde sont multiples. A côté des catholiques il y a des hérétiques, des libres penseurs, des
juifs, des musulmans, des bouddhistes. Certains se
convertissent au catholicisme à un âge très avancé;
d'autres s'en éloignent. Il serait déjà exagéré de dire que
l'homme est instinctivement religieux ; car il ne croit
pas instinctivement à Dieu ; à plus forte raison doit-on
se garder de prétendre que par instinct l'homme est
catholique. Les faits sont là qui donnent un démenti
formel à une affirmation aussi étrange. Ceux qui nous
parlent d'instinct catholique nous parleraient vraisem-
blablement d'instinct juif, s'ils étaient juifs, et d'instinct mahométan, s'ils étaient mahométans.

Les instincts poussent vers le bien ; ils ne renseignent
pas sur le vrai. Il n'appartient donc pas à l'instinct de
nous révéler une vérité quelconque et, à plus forte raison, la religion catholique, qui est un corps de doctrine.

Il y a plus. Quand nous voulons légitimer une
croyance, instinctivement nous cherchons des raisons.
L'instinct lui-même se dresse donc contre ceux qui en
font un guide dans les doctrines religieuses et il leur dit :
Vous m'attribuez un rôle qui ne m'appartient pas ; vous
voulez de la lumière ; demandez-en à la raison.

Quand nous nous écoutons bien, disent certains imma-
nentistes, nous entendons au dedans de nous un enseignement identique à celui que nous donne l'Eglise ;
cette harmonie entre la Révélation intérieure et l'enseignement reçu du dehors, c'est-à-dire entre la nature et
la foi, nous garantit les vérités de foi.

Ceux qui lisent ainsi au dedans d'eux-mêmes les
réponses du catéchisme sur Dieu, l'âme, la vie future,

les mystères, les sacrements, etc., ont la vue bien per-
çante. Pour ma part, j'ai beau fouiller ma conscience du
regard, j'ai beau en examiner tous les plis et replis, je ne
vois rien, absolument rien ; ou plutôt, je me trompe, j'y
vois ce que j'y ai mis par la lecture ou l'étude. Si la nature
elle-même nous apprenait le catéchisme, comment se
fait-il que nous ne le sachions pas avant d'avoir recours
à un maître ou à un livre ? On prend pour enseignement
du dedans un simple écho intérieur de l'enseignement
du dehors ; et l'illusion vient de ce que l'on soumet à
son examen non une conscience morale pure, mais la
conscience du croyant. « On a fait remarquer, à tort
ou à raison, écrit l'abbé Baudin (1), que Kant, pensant
faire la critique de la raison pure, n'aurait fait que la
critique de la raison cartésienne et newtonienne. Le
reproche transposé atteint immédiatement Newman.
Rien n'est plus facile que d'extraire de la conscience
morale chrétienne le christianisme. Rien n'est plus
facile que d'extraire une conclusion de prémisses où on
l'a préalablement glissée. C'est commode et c'est vain.
Pour avoir de la valeur, il faudrait donc que l'argument
prît comme base l'analyse d'une conscience morale non
chrétienne, celle d'un Aristote, par exemple, ou de tel
autre de ces philosophes de l'antiquité qui ont professé de
la meilleure foi du monde une morale sans Dieu. Il faut
préférer ici un ancien parce que les esprits modernes,
même irréligieux, sont néanmoins pénétrés d'idées chrétiennes, assez souvent à leur insu, par ambiance, par
éducation, etc. Cela les expose à être moins bons sujets
d'analyse que les anciens. Ce qui ne veut pas dire que
chez un incroyant moderne Newman garderait toute
l'aisance de ses conclusions. Procurez-vous donc cette
conscience morale pure, aussi pure que possible ; puis
essayez d'en extraire la religion par une maïeutique
analogue à celle de Socrate, faisant éliciter à un jeune
esclave quelques vérités mathématiques virtuellement
contenues dans son esprit. Vous ne réussirez à rien, pas
même à extraire la religion naturelle. Des générations
entières qui n'étaient pas nécessairement dégradées, ont
vécu sans ces idées religieuses qui nous sont familières

______

(1) *Revue de philosophie*, t. IX, 1906, p. 282.

jusqu'à pouvoir nous paraître naturelles et innées. Des esprits parmi les plus nobles dont s'honore l'humanité ont pu les ignorer en tout ou en partie. On n'ira pas, je pense, jusqu'à dire que les Socrate, les Platon et les Aristote auraient volontairement faussé leur conscience ou se la seraient laissé fausser par leur milieu de façon à ne pas déchiffrer, malgré leur sincérité et leur compétence éclatante, ce que Newman y lit gravé en si gros caractères. »

Newman protestant lisait dans sa conscience autrement que Newman catholique; et il faut croire que les autres partisans de l'immanence ne sont pas très expérimentés dans l'art de lire au dedans d'eux-mêmes, puisque l'Eglise n'a pas reconnu sa doctrine dans la façon dont ils interprétaient les caractères gravés sur leur conscience. Ce n'était vraiment pas la peine de remplacer les motifs de crédibilité par une espèce de griffonnage intérieur si indéchiffrable que chacun propose une lecture différente.

Notre nature n'exige pas l'ordre surnaturel. Le surnaturel, s'il était postulé par la nature, ne serait plus surnaturel, puisqu'il est par définition ce qui dépasse les exigences et les forces de la nature. Par elle-même la grâce du baptême ne modifie en rien l'état psychologique de notre âme. L'analyse de cette âme ne révélerait en elle aucune aspiration spéciale, aucune exigence caractéristique de l'ordre surnaturel auquel elle a été élevée. Les enfants malades baptisés par les missionnaires de Chine, puis rendus à la santé et élevés dans une famille païenne, ne sentent pas plus d'impulsion vers le catholicisme que les petits païens avec lesquels ils vivent.

Ceux qui nous parlent d'âme naturellement chrétienne voudraient-ils affirmer simplement une correspondance merveilleuse entre le catholicisme et l'ensemble de nos aspirations naturelles?

Cette correspondance supposée, on n'en saurait conclure que la religion catholique est vraie; car est-il bien démontré que cet accord ne peut être le résultat d'un homme et du temps? Que répondriez-vous à celui qui vous dirait : A mon sens, la religion catholique est sortie de la pensée d'un psychologue de génie, qui l'a

adaptée de son mieux aux besoins de l'humanité ; peu
à peu une sélection s'est opérée ; certains éléments
moins assimilables ont disparu, d'autres se sont ajoutés,
et ainsi par une élaboration lente et continue, l'adaptation est devenue de plus en plus parfaite ; il s'est fait un
travail analogue à celui qui nous a donné, après des
siècles, les législations civiles de nos jours, dont on peut
dire qu'elles répondent merveilleusement aux besoins
des sociétés humaines ; et, de même que de la correspondance d'une législation aux besoins profonds de la société on a le droit de conclure que les lois sont utiles, non
qu'elles sont vraies, ainsi de la convenance du catholicisme déduisez son utilité, si cela vous plaît, non sa
vérité et encore moins sa divinité. — A celui qui tiendrait
ce langage que répondriez-vous ? Vous sentiriez-vous
capable de lui montrer que la convenance est telle
qu'elle ne peut s'expliquer naturellement ?

Hélas ! l'harmonie est loin d'être parfaite. Sans doute
il serait facile à un catholique de prouver par l'histoire
que sur bien des points la religion de Jésus-Christ s'accorde avec les lois de la vie et de l'action ; mais n'y
aurait-il pas moyen également de montrer plus d'un
désaccord ? Mon esprit abhorre la contradiction ; or parmi les enseignements que l'Eglise soumet à sa croyance,
plusieurs lui paraissent contradictoires : l'alliance de
la liberté et de l'immutabilité en Dieu, le mystère d'un
seul Dieu en trois personnes, celui d'un Dieu fait
homme, l'Eucharistie, l'éternité de l'enfer. Il lui semble
évident qu'il y a des erreurs dans la Bible et que, dans
le cours des siècles, plus d'un dogme a changé substan-
tiellement. Si, en réalité, je juge ces contradictions apparentes et non réelles, cela tient à ce que j'ai la foi. Loin
donc de pouvoir justifier la foi par l'harmonie qui exis-
terait entre mon esprit et ses enseignements, j'affirme
cette harmonie uniquement sous l'impulsion de la foi.
On me dira peut-être : c'est là un cas de psychologie personnelle ; la foi n'est pas nécessaire pour admettre l'ab-
sence de contradiction dans nos dogmes ; nous, nous n'en
avons pas besoin. — Est-il bien sûr que vous n'en ayez
pas besoin ? Pouvez-vous affirmer que, si vous n'aviez
pas la foi, l'ensemble de la doctrine chrétienne vous semblerait parfaitement cohérent ? Les incroyants n'admet-

tent pas l'accord de la raison et de la foi. Quant aux catholiques, beaucoup, surtout parmi les penseurs, se déclarent peu satisfaits des distinctions subtiles par lesquelles les théologiens s'efforcent de concilier en Dieu l'unité de nature et la trinité des personnes ou des multiples systèmes par lesquels les critiques tentent de mettre l'inerrance biblique au-dessus des attaques des rationalistes ; conseillés par leur foi, ils attendent de l'avenir une solution plus satisfaisante des objections faites à leurs croyances.

Serons-nous plus heureux avec les aspirations du cœur ? Je ne le pense pas. Mon cœur me porte à rechercher le bien-être physique, intellectuel et moral. Or la foi vient augmenter le nombre des obstacles qui s'opposent à la réalisation de ce triple idéal. Comptez, si vous le pouvez, le nombre des personnes qui ont sacrifié, pour motif religieux, leur réputation, leur fortune, leur position ou leur repos. La religion nous impose à tous des mortifications. Elle ne nous apprend pas seulement à porter notre croix ; elle en met de nouvelles sur nos épaules. Notre-Seigneur a dit à ses disciples et, en leur personne, à tous ceux qui devaient embrasser sa religion : « On vous persécutera, on vous mettra en prison, on vous traînera devant les rois et devant les juges... Vous serez trahis par vos parents et par vos amis ; vous serez haïs de tous. Et tout cela vous arrivera à cause de moi (1). » Notre cœur, naturellement enclin à rechercher le bonheur, ne soupire pas après ces maux. Si les saints se sont proposé un idéal de sacrifice, c'est qu'ils considéraient le sacrifice, non comme un but, mais comme un acheminement à une vie meilleure. Cette aspiration, née en eux d'une pensée de foi, n'est donc pas une aspiration naturelle.

Que le nom de Dieu, la pensée du Christ, une prière à Marie, une communion relèvent les courages abattus, suscitent des résolutions énergiques, mettent un peu de baume sur les cœurs ulcérés, rien de plus certain, mais aussi rien de plus conforme aux règles élémentaires de la psychologie. Vraie ou fausse, la croyance suscite dans l'âme des sentiments d'amour, d'espoir, de crainte, de

____

(1) Luc, XXI. 12, 16, 17.

haine, et, par suite, agit sur la volonté. Cette action est d'autant plus efficace que la croyance pousse des racines plus profondes dans l'esprit et a été plus fréquemment liée dans le passé aux divers actes de la vie psychologique. Que ne font pas les Musulmans pour mériter le paradis de Mahomet ! La prière fervente, qu'elle soit sur les lèvres du mahométan, du bouddhiste ou du chrétien, fait passer dans les cœurs un peu de confiance et de réconfort. Toutes les religions calment, dans une certaine mesure, les besoins et les aspirations de l'homme. La satisfaction que procure la religion catholique est-elle du moins plus intense ? C'est relatif. Un mahométan se trouvera mieux de la doctrine mahométane, un protestant de la doctrine protestante. L'essentiel ici, c'est de ne pas juger du commun des mortels d'après ce que nous sentons au dedans de nous. Combien, après avoir examiné leur propre conscience, toute imprégnée de catholicisme, disent : « Voyez comme cette conscience s'harmonise merveilleusement avec la doctrine catholique ! » Je le crois bien ; vous l'avez faite ainsi. En général chacun a plus d'affinité pour la religion qu'il a vécue et qu'il vit. De toutes les religions le catholicisme est la seule rationnelle ; voilà pourquoi elle est la seule vraie.

Dans sa lettre *Pascendi Dominici gregis,* Pie X a fait justice de la prétention émise par les modernistes de substituer le cœur ou le sentiment à la raison comme criterium de la vérité religieuse. « Toute issue fermée vers Dieu du côté de l'intelligence, dit-il (1), ils se font forts d'en ouvrir une autre du côté du sentiment et de l'action. Tentative vaine ; car qu'est-ce, après tout, que le sentiment, sinon une réaction de l'âme à l'action de l'intelligence ou des sens ? Otez l'intelligence ; l'homme, si enclin à suivre les sens, en deviendra l'esclave. Vaine tentative à un autre point de vue. Toutes ces fantaisies sur le sentiment religieux n'aboliront pas le sens commun. Or ce que dit le sens commun, c'est que l'émotion et tout ce qui captive l'âme, loin de favoriser la vérité, l'entravent. Nous parlons, bien entendu, de la vérité en soi : quant à cette autre vérité purement subjective, issue du sentiment et de l'action, si elle peut être bonne

____

(1) Encyclique *Pascendi Dominici gregis,* p. 60.

aux jongleurs de mots, elle ne sert de rien à l'homme, à qui il importe surtout de savoir si, hors de lui, il existe un Dieu, entre les mains de qui il tombera un jour. Pour donner quelque assiette au sentiment, les modernistes recourent à l'expérience. Mais l'expérience qu'y ajoute-t-elle ? Absolument rien, sinon une certaine intensité qui entraîne une conviction proportionnée de la réalité de l'objet. Or ces deux choses ne font pas que le sentiment ne soit sentiment ; ils ne lui ôtent pas son caractère, qui est de décevoir, si l'intelligence ne le guide ; au contraire ce caractère, ils le confirment et l'aggravent, car plus le sentiment est intense et plus il est sentiment. »

C'est bien cela ; le sentiment intervient-il dans la recherche du vrai, c'est pour fausser les conclusions, à moins que, par hasard, il ne soit orienté du côté de la vérité. Aussi dans les questions de doctrine nous défions-nous instinctivement de l'invasion du sentiment. On se fait facilement illusion sur ce que l'on aime ou sur ce que l'on déteste. L'amour et la haine sont de fort mauvaises conseillères ; ne les consultons jamais quand il s'agit de croire. Le cœur aiguille l'esprit dans le sens des intérêts et des affections, et, en le faisant tendre vers le sujet, le détourne de l'objet. De tout temps, il a été regardé par les philosophes et même par la masse des hommes comme une cause d'erreur ; comment dans les questions morales et religieuses pourrait-il être un instrument de vérité ?

Si la vraie religion était celle vers laquelle nous porte le cœur, toutes les religions seraient vraies, car, si les cœurs des catholiques sont plutôt tournés vers le catholicisme, ceux des protestants sont plutôt épris de protestantisme ; l'idée antireligieuse elle-même aurait une base aussi solide que l'idée religieuse.

Bâtir l'idée religieuse sur le sentiment, c'est tout simplement en nier la valeur ; car quoi de plus fragile, quoi de plus inconsistant que le sentiment ! En fait de vérité le cœur est aveugle ; nous n'avons pas à l'interroger ; il est aussi incapable de nous renseigner sur le vrai que la vue sur le son ou les odeurs. Toute tentative d'apologie par le sentiment est destinée à échouer.

Nous ne serons pas plus heureux avec l'*illative sense*

de Newman. *L'illative sense* est un mythe. Je ne connais pas cette faculté ; je n'admets pas que nous ayons, en dehors de l'évidence, commune à toutes les intelligences, du raisonnement et de l'expérience, une espèce de sens intellectuel spontané apte à discerner la vérité de l'erreur. Newman attribue à l'*illative sense* les prévisions du paysan, qui, à l'aspect des nuages, annonce un changement de temps, le génie du savant, qui découvre les lois de la nature, la sagacité du médecin, qui diagnostique, à coup sûr, les maladies, et le flair du policier, qui devine les criminels. On ne voit pas ce que vient faire ici ce prétendu sens des inférences. Si l'état du ciel devient pour le paysan un indice de beau ou de mauvais temps, cela tient à des associations répétées antérieurement, à l'expérience du passé. Il n'a cessé de constater que, le ciel présentant tel aspect, la pluie suivait ; il n'en faut pas davantage pour l'autoriser, quand il revoit le premier phénomène, à juger que le second ne se fera pas attendre. Un habile médecin remarque dans les mouvements du pouls, dans les battements du cœur, dans les couleurs du visage des nuances à peine perceptibles et, instruit par l'expérience, sait associer ces manifestations extérieures à des maladies déterminées. Le fin policier se comporte de même. Il discerne le criminel comme le médecin discerne les malades, par les signes extérieurs ; il observe, associe, retient et, au besoin, par son savoir-faire provoque de nouveaux indices. Toutes les découvertes de Newton sont dues au calcul et à l'expérience. Que des hypothèses l'aient mis sur la voie, rien de plus certain ; mais faire une hypothèse, ce n'est pas encore connaître ; et d'ailleurs l'hypothèse elle-même dérive du don d'observation, non de l'*illative sense*. Encore une fois l'*illative sense* est parfaitement inutile ; les exemples que donne Newman s'expliquent aisément sans lui. Une faculté qui n'a pas d'acte n'existe pas.

Pour discerner la vraie religion des fausses, il faut un criterium ; ce criterium n'est ni la grâce ni l'instinct ni le cœur ni l'*illative sense* ; que sera-t-il ? La raison. Le vrai — le sens commun lui-même nous l'enseigne — est du domaine de la raison, comme les couleurs sont du domaine de la vue, le son du domaine de l'ouïe et les odeurs du domaine de l'odorat. Sans doute la raison est faillible, mais elle possède en elle-même de quoi contrôler la justesse de ses opérations. Les anti-intellectualistes portent préjudice à la religion qu'ils croient servir ; en déclarant que la religion ne peut trouver un point d'appui solide sur la raison, ils servent la cause des incrédules et les encouragent dans leurs dénégations. Huxley se faisait fort de tirer des œuvres de Newman *un manuel d'incrédulité*. Ce serait, en effet, très facile. Ceci soit dit sans vouloir entacher d'aucune façon la mémoire du grand cardinal anglais, qui fut à la fois un grand croyant, un grand mystique et un grand psychologue, mais qui n'eut, croyons-nous, rien d'un grand philosophe et, par suite, eut tort de vouloir tracer une voie nouvelle à l'apologétique.

Si le cœur ne nous donne pas la vérité religieuse, il peut nous empêcher de l'acquérir. Chez beaucoup la perte de la foi a été provoquée par le désir de se laisser aller au débordement de leurs passions. Il est difficile et périlleux de tendre une oreille du côté du cœur et l'autre du côté de l'Eglise. Il serait à souhaiter, quand la raison cherche, que le cœur se taise et se tienne dans une neutralité absolue. Que l'incrédule commence donc par combattre ses passions; « l'homme charnel ne perçoit pas les choses qui sont de l'esprit de Dieu (1); » qu'il s'applique à observer les préceptes de la morale et, par la suppression des obstacles, il aura facilité l'entrée des vérités religieuses dans son âme. « Les preuves sont inefficaces, écrit Ollé-Laprune (2), si la volonté n'est pas gagnée... Mais qu'entendons-nous par la volonté gagnée ?... Entendons-nous un acquiescement qui précède l'assentiment de l'esprit? Alors il y aurait cercle. Nous ne disons pas cela. Cet acte de bonne volonté dont nous parlons, c'est un consentement d'une volonté droite à la vérité non encore connue; sans doute, mais précisons; c'est une disposition à reconnaître et à embrasser la vérité quelle qu'elle soit, et coûte que coûte : si c'est un acquiescement à ceci ou à cela, c'est un acquiescement virtuel. La question n'est pas préjugée. Une seule chose est préjugée, et une promesse

(1) I *Cor.*, ii, 14.
(2) *La certitude morale*, 2ᵉ édition, p. 390.

est faite, c'est que la vérité sera accueillie de bon cœur, et déjà on souhaite qu'elle paraisse, on l'appelle, on la salue par avance, on lui jure fidélité. Tout ce qu'il y a de bon, de noble, de généreux dans l'âme s'émeut en sa faveur et va comme au-devant d'elle. On désavoue tout ce qui pourrait lui faire obstacle, on déteste tout ce qui serait un empêchement à son avènement dans l'esprit et à sa parfaite diffusion. Voilà comment et en quel sens la vérité peut être aimée avant d'être connue. Or de telles dispositions morales excitent à chercher, avec effort et sans peur de la peine, ce bien qu'on aime sans le connaître. J'ajoute que de telles dispositions rendront impossible un aveuglement durable, définitif. Est-ce à dire que, du jour où ses bonnes dispositions commencent, l'esprit ait déjà pris son parti? Nullement : faire sa soumission à l'avance à la vérité, quelle qu'elle soit, ce n'est pas renoncer à user de sa raison pour discerner le vrai du faux, c'est tout simplement se mettre à même d'opérer d'une manière plus aisée et plus sûre ce discernement. La vérité appelle la vérité ; la droiture d'âme, la fidélité courageuse à ce qu'on a de lumière, la simplicité, l'humilité d'un esprit qui cherche avec sincérité une lumière plus abondante, tout cela est vérité; une telle âme est dans un état vrai; elle est d'une certaine manière dans le vrai. La vérité des choses, la vérité du dehors viendra à elle et l'illuminera. »

Désirons, aimons la vérité en général; mais gardons-nous de désirer, d'aimer telle ou telle vérité particulière avant de l'avoir trouvée. Il est dans l'ordre que la tête choisisse avant le cœur. Si nous disions à l'incrédule : « Il est de votre devoir d'aimer le catholicisme; aimez-le et Dieu vous éclairera; donnez à Dieu votre cœur et Dieu vous donnera ses lumières », l'incrédule aurait le droit de nous répondre : « en ce moment la religion de Rome n'a pas, pour moi, plus de valeur que la religion de Luther; pourquoi donnerais-je mon adhésion à l'une plutôt qu'à l'autre ? Vous voyez la vérité dans la religion du Christ et vous l'aimez; c'est bien. Je la vois dans la libre pensée et je l'aime. En me parlant comme vous le faites, vous m'engagez, à aimer ce que je crois faux et à repousser ce que je crois vrai; je ne vous écouterai pas. La loyauté, la probité, l'honnêteté intellectuelle demandent de moi que je me renseigne, comme je me renseignerais sur toute autre matière. Qui n'entend qu'une cloche n'entend qu'un son, dit le proverbe. Je lirai les livres religieux et antireligieux ; je consulterai les croyants et les athées. Comment apprécierais-je celui qui, désireux de se faire une opinion sur une question historique controversée, se contenterait d'ouvrir et de lire les ouvrages des partisans d'une même opinion. Je chercherai sans arrière-pensée, sans parti pris, m'efforçant d'étouffer en moi tout désir de trouver que la religion catholique est la véritable, car un tel désir risquerait d'égarer mes conclusions. »

Ce langage de l'incrédule est le langage du bon sens ; la méthode qu'il expose est celle que tout incroyant doit se proposer de suivre dans la recherche personnelle de la vérité.

Notez ce mot *personnelle*. S'agit-il, en effet, non de nous faire une conviction religieuse, mais de faire partager notre conviction par d'autres, mieux vaut agir d'abord sur le cœur et par le cœur sur la raison ; il n'est pas de voie plus sûre et plus rapide à qui veut aboutir. Tant que je réfléchis pour mon compte personnel, j'ignore encore où est la vérité ; aussi dois-je empêcher mon cœur de prendre parti. Quand je me fais l'apôtre de ce qui est ou de ce que je crois vrai, les conditions ne sont plus les mêmes ; et il est tout naturel que je fasse aimer et désirer la vérité par d'autres, si ce désir et cet amour doivent aider la pénétration de la vérité dans leur esprit.

Jusqu'à ces derniers temps les apologistes s'étaient presque exclusivement occupés d'exposer les motifs de croire ; l'apologétique moderne fait une place de plus en plus large à la préparation morale et affective du sujet. Elle a compris que le siège de l'esprit doit se faire à la fois du dedans et du dehors : du dehors par l'action des motifs, du dedans par l'impulsion de la volonté. Bien souvent il ne servirait de rien de présenter l'objet si l'on ne préparait le sujet. L'assentiment dépend au moins autant des dispositions plus ou moins favorables dans lesquelles se trouve l'intelligence que de la force des arguments mis en avant pour la convaincre. Il en est des yeux de l'esprit comme des yeux du corps : de part et d'autre la force de la vision ne se mesure pas uniquement à l'intensité de la lumière qui éclaire l'objet. Les aveugles ne distinguent pas le jour de la nuit. Au point de vue intellectuel nous sommes tous plus ou moins aveugles ; souvent devant d'excellents motifs clairement exposés nous restons dans le doute et les ténèbres. Pour rentrer plus aisément dans les intelligences l'apologiste doit recourir à des travaux d'approche. Qu'il se garde d'entrer dès le début dans le vif de la question. Avant d'établir que la religion catholique est vraie, il est avantageux de montrer par de solides preuves qu'elle est belle, utile et que, sur bien des points, elle s'harmonise merveilleusement avec les aspirations de notre nature. Cela ferait trois thèses préliminaires. Celui qui serait convaincu de la beauté, de l'utilité et de la convenance du catholicisme aurait déjà fait un grand pas vers la vérité ; il désirerait qu'une religion marquée de tels caractères fût vraie, il l'aimerait et, par suite, les motifs de crédibilité mordraient aisément sur son intelligence.

Beauté, utilité, convenance, vérité ne sont, remarquons-le bien, ni des termes synonymes, ni des termes connexes ; ce qui est beau, ce qui est utile, ce qui convient n'est pas nécessairement vrai. Que l'apologiste se garde donc de conclure de l'un à l'autre. De ce qu'il y a dans une religion du beau, de l'utile et des doctrines ou des pratiques qui répondent au besoin de notre être, il ne s'ensuit pas que cette religion soit divine.

Cette conclusion s'imposerait davantage si l'on venait à démontrer que dans le catholicisme tout est beau, tout est utile, tout s'harmonise avec les aspirations de la nature humaine ; mais une telle démonstration est impossible, car bien des dogmes blessent la raison de l'incrédule et d'autres, comme l'éternité de l'enfer, répugnent à son cœur.

Les trois thèses dont nous venons de parler n'ont qu'un rôle préparatoire ; n'en exagérons pas la portée. Il faut chercher en dehors d'elles les vrais motifs de crédibilité. Elles préparent la conviction ; elles ne la font pas. Ce sera toujours la gloire des apologistes modernes d'avoir mis leur importance en relief et d'avoir montré que l'apologétique objective n'était qu'une partie de l'apologétique intégrale. Si certains ont cru que les arguments traditionnels avaient fait leur temps et qu'il fallait les remplacer par des arguments nouveaux, ils se sont trompés. Servons-nous en même temps des vieilles armes et des nouvelles ; rejeter les unes ou les autres, ce serait diminuer les chances de la victoire.

CHAPITRE V

Théologie de la foi.

Tout l'effort de l'apologiste est concentré sur cette vérité : l'Eglise est divine. L'apologiste n'étudie pas en détail, comme le théologien, le grandiose édifice de la foi, il n'exploite pas la mine féconde de la Révélation dans le but de mettre au jour toutes les richesses qu'elle contient. Son unique préoccupation est de rendre solide, inébranlable le fondement même de la foi, à savoir la divinité de l'Eglise, par des preuves péremptoires et la réfutation complète des objections que la libre pensée soulève contre elle.

A vrai dire, l'apologétique suffit à notre foi. Si l'Eglise est divine, ce qu'elle nous enseigne est vrai ; nous n'avons donc qu'à prendre le code où sont consignés ses enseignements et nous saurons ce qu'il faut croire. Mais dans l'intérêt de la religion il importe de mettre en lumière le sens de chaque dogme et d'en dévoiler le contenu ; il importe de montrer que dans ses définitions l'Eglise n'impose pas une doctrine au gré de ses caprices, suivant l'arbitraire du moment, mais qu'elle se contente de puiser dans un fond immuable, héritage que le Christ lui a légué dès son origine et dont elle ne se dessaisira jamais, dans la parole de son divin Fondateur. Cette tâche, ardue parfois, toujours utile, est dévolue au théologien. Le théologien s'empare encore des matériaux de la Révélation pour les ordonner et construire un monument majestueux, dont la beauté, la grandeur et la solidité s'imposent à notre admiration. Architecte et manœuvre, il doit aussi se faire soldat et lutteur. Il pare les coups de l'ennemi qui approche avec l'intention perfide de détruire les diverses parties de son ouvrage.

Au théologien appartient avant tout le soin d'expliquer les dogmes. Les vérités révélées ont un sens ; et, s'il ne nous est pas permis d'en saisir toute la profondeur, du moins pouvons-nous en avoir une certaine connaissance. Qui dit vérité de foi dit vérité à croire et toute croyance porte sur du connu. Une croyance sans objet connu serait aussi contradictoire qu'un acte de vision sans objet coloré. Le sens vrai d'un dogme est celui qui se dégage des définitions conciliaires ou pontificales et de la tradition. Des analogies et des comparaisons aident à le mieux entendre ; la philosophie sera également d'un puissant secours.

Le dogme, une fois expliqué, a besoin d'être démontré. Bien que la parole de l'Église se prononçant *ex cathedra* constitue une preuve suffisante, il convient de montrer que son enseignement était, au moins en germe, dans l'esprit de son divin Fondateur.

Les citations bibliques ne sont pas indispensables. Si l'Ecriture Sainte nous fournit un texte clair et décisif en faveur de la thèse que nous soutenons, tant mieux ; profitons-en. Sinon, laissons-la de côté. Il n'est pas sûr que les livres saints contiennent toute la révélation ; la contiendraient-ils tout entière, ils la formulent en termes parfois si obscurs et si imprécis que mieux vaut, dans ce cas, ne pas s'en servir.

L'argument de tradition est plus important et plus universel que l'argument scripturaire : plus important, car il a toujours une valeur probante propre, tandis que sans la tradition le sens de l'Ecriture serait souvent douteux ; plus universel, car, s'il est des vérités dogmatiques sur lesquelles les livres saints ne nous donnent aucun témoignage certain, toutes sans exception peuvent s'appuyer sur la tradition. Les dogmes sont nés au temps des Apôtres ; beaucoup ont été l'objet de controverses ardentes et passionnées. L'Eglise les a pensés et vécus : elle a fait entendre sa voix et exclu de son sein ceux qui ne voulaient pas se soumettre à ses décisions. De grands et saints docteurs ont commenté ses dogmes dans des discours et des écrits que nous possédons encore ; et leur enseignement, sur les points où ils s'accordent, n'est autre que l'enseignement de l'Eglise. Montrer que l'Eglise a cru et croit une vérité, voilà ce qu'on appelle faire valoir l'argument de tradition.

Aux arguments d'autorité le théologien ajoutera des arguments de raison dans les questions que l'intelligence humaine peut résoudre ou quand un dogme est la conséquence logique d'un autre dogme. Dans les mystères les seules preuves convaincantes reposent sur la Révélation. Rien n'empêche d'ajouter des arguments de convenance ; mais que ce soit avec mesure et sans en exagérer la portée. Les arguments de convenance ne démontrent rien, surtout lorsqu'ils consistent — ce qui arrive souvent — en un pur amusement d'esprit, et il est toujours facile de leur opposer des arguments de convenance de même force.

Au xiii⁰ siècle, Raymond Lulle et son école soutinrent que les mystères étaient, comme les autres vérités, démontrables par la raison. Malgré la condamnation d'Alexandre IV (1260), Raymond Lulle continua d'avoir des disciples. En 1376, Grégoire XI condamna cent de leurs propositions comme erronées ou hérétiques (1). L'Eglise n'eut plus besoin d'intervenir jusqu'au xix⁰ siècle. Elle parla de nouveau par la voix de Grégoire XVI (2), de Pie IX (3) et du concile du Vatican (4) quand Hermès, Gunther et Frohshammer attribuèrent à la raison le pouvoir de démontrer les mystères dont Dieu nous donnait connaissance par la Révélation. Au reste, le motif d'autorité est assez fort pour convaincre et on aurait tort de croire qu'un dogme appuyé sur le triple piédestal de l'Ecriture Sainte, de la tradition et de la raison l'emporte en certitude sur les autres dogmes.

Une vérité de foi ne sera complètement démontrée que si, après avoir fait valoir ses preuves, le théologien s'attache à réfuter les preuves contraires. Il s'attaquera de préférence aux objections soulevées de nos jours autour de nous ; il les exposera avec force et clarté, comme s'il était lui-même convaincu de leur valeur, et il les réfutera loyalement, sans recourir à ces distinc-

<hr>

(1) Ce sont surtout les propositions 96 et 97 qui nous intéressent. On les trouvera dans DENZINGER, *Enchiridion*, n. 471 et 475.

(2) Encyclique du 18 août 1832.

(3) Allocution du 9 décembre 1851 ; lettres des 15 juin 1857, 11 déc. 1862, 21 déc. 1863 ; *Syllabus*, prop. 9.

(4) Constitution *Dei Filius*, chap. iv et canon 1.

tions subtiles qui ont l'air de résoudre la difficulté et ne réussissent qu'à l'éluder.

Les vérités révélées sont fécondes ; en les pressant un peu, il est facile d'en extraire beaucoup d'autres vérités. Tous les théologiens admettent qu'une conclusion rentre dans la catégorie des vérités susceptibles de devenir vérités de foi quand elle découle de deux prémisses révélées (1) ou d'une mineure révélée, unie à une proposition nécessaire qui tient lieu de majeure (2). D'après Cajétan et Bannez aucune autre conclusion théologique ne serait définissable. Melchior Cano, Suarez, de Lugo et Franzelin donnent à l'Eglise le pouvoir de définir toutes les conclusions théologiques sans exception. Ripalda et Sylvius le refusent, sauf les cas signalés plus haut, quand les conclusions dérivent d'une mineure révélée, et l'accordent si la prémisse révélée sert de majeure.

Toutes ces distinctions sentent l'arbitraire. Pour qu'une conclusion soit définissable, faut-il qu'elle soit uniquement fondée sur l'autorité de Dieu, ou suffit-il que l'autorité de Dieu soit un motif partiel de la croyance ? Là est le point précis du débat. La première hypothèse est insoutenable, car toute adhésion de l'esprit aux vérités révélées et, à plus forte raison, aux vérités théologiques, suppose la confiance non seulement en la sincérité et en la science de Dieu qui révèle, mais encore en la véracité de nos sens, en l'objectivité des principes premiers, en la valeur de notre raison. L'admettre comme vraie, c'est tout simplement rejeter en bloc toutes les vérités de foi. Reste donc la seconde hypothèse, qui admet au nombre des vérités définissables toutes les conclusions théologiques, quelles que soient les prémisses.

La distinction que font les théologiens entre conclusions contenues formellement dans une majeure révélée et conclusions contenues virtuellement dans une

---

(1) Tous les apôtres ont reçu l'Esprit-Saint. Or saint Matthieu était apôtre. Donc.

(2) Cette proposition nécessaire peut formuler une définition (Tout homme est animal raisonnable. Or Jésus-Christ est homme. Donc.) ou exprimer un postulat (Celle que Jésus-Christ s'est choisie pour mère est elle-même venue au monde. Or.) ou affirmer une partie d'un tout (Tout homme a une âme. Or Jésus-Christ, etc.).

mineure également révélée part d'un faux principe ; elle suppose que la conclusion du syllogisme est contenue dans les prémisses. Rien de plus faux que ce postulat. On nous dit que la majeure contient la conclusion plus parfaitement encore que la mineure. Eh bien ! analysons-la, approfondissons-la, disséquons-la ; nous n'y trouverons pas la conclusion. Soit la proposition : tout concile œcuménique est infaillible ; nous n'apprendrons pas, en la scrutant, que le concile du Vatican est infaillible. Cette seconde proposition est si peu contenue dans la première que la première était vraie avant que la seconde ne le fût. Le fait qu'un concile œcuménique s'est tenu au Vatican n'a rien changé au principe : tout concile œcuménique est infaillible. Ce principe serait ce qu'il est lors même qu'une cause accidentelle eût empêché la réunion des évêques à Rome en 1870 et ajourné indéfiniment les débats sur l'infaillibilité du Pape et les erreurs du temps. Tout ce que nous pouvons dire, c'est que : étant posée la mineure — dans l'espèce, le concile du Vatican est un concile œcuménique — la majeure ne serait pas vraie si la conclusion ne l'était également. Mais qui ne voit que la mineure est dans les mêmes conditions ? Etant posée la majeure, la mineure ne serait pas vraie si la conclusion ne l'était de son côté. La conclusion se déduit des prémisses sans être contenue dans les prémisses. Le lien qui l'unit à la majeure est celui-là même qui l'unit à la mineure. On ne voit pas pourquoi il y aurait, d'un côté, un lien formel et, de l'autre, un lien virtuel. Ces distinctions verbales ne répondent à aucune distinction réelle.

L'illusion, car illusion il y a, vient de ce qu'on confond le réel ou le concret avec le connu. Sans doute, la proposition « tout concile œcuménique est infaillible », prise objectivement, signifie : « les conciles de Jérusalem, de Nice, de Constantinople... de Florence, de Trente, du Vatican... sont infaillibles. » Si tel était le point de vue du syllogisme, la conclusion « le concile du Vatican est infaillible » serait une pure totologie et Stuart Mill aurait le droit de dénier toute valeur à cette forme de raisonnement. Quand l'esprit raisonne, il procède non d'une chose à une autre chose, mais d'une connaissance à une autre connaissance. Autre est le sens de cette phrase : « tout concile œcuménique est infaillible », envisagée suivant ce qu'elle est pour nous comme connue et suivant ce qui lui correspond dans la réalité. Dans le premier cas, c'est une proposition universelle et, par suite, indéterminée ; dans le second elle n'est qu'une réunion de propositions particulières. Le syllogisme a justement pour but de passer de l'universel au particulier.

Les vérités révélées et les conclusions qui s'en dégagent constituent le domaine de la foi. Le théologien étend ses investigations au delà. Les questions qui sont l'objet direct de ses études éveillent une foule d'autres questions, suscitent une multitude d'hypothèses. Notre-Seigneur s'est incarné ; se serait-il incarné si Adam n'avait pas péché ? Notre-Seigneur a satisfait pour nous ; quelle a été la mesure de sa satisfaction ? Il est des questions ridicules, impies, insolubles, inutiles, qui ne méritent pas d'attirer l'attention des théologiens. Au moyen âge, la curiosité de ces derniers allait vraiment trop loin ; et saint Thomas lui-même a partagé le mauvais goût de ses contemporains. Les théologiens de nos jours ne se demandent pas, et avec raison, si la résurrection se fera le jour ou la nuit (1), si les ressuscités auront des cheveux sur la tête (2) ou des humeurs dans le corps (3), s'ils conserveront la même taille (4), le même sexe (5), le même âge (6). Ils laissent à d'autres le soin de décider si le sommeil et les bains apaisent les couleurs (7) ou si l'espérance naît plus facilement dans l'âme des jeunes gens et des personnes ivres (8). On ne trouve pas dans leurs ouvrages des questions du genre de celles-ci : les vaisseaux sanguins se contractent-ils sous l'effet de la crainte (9) ? La crainte peut-elle être objet de crainte (10) ? La bonté est-elle bonne ? Dieu est est-il plus un que l'unité ? Est-il permis aux réguliers

---

(1) *Summa theologica,* supplementum tertiæ partis, q. LXXVII, a. 3.
(2) *Ib.,* q. LXXX, a. 2.
(3) *Ib.,* a. 3.
(4) *Ib.,* q. LXXXI, a. 2.
(5) *Ib.,* a. 3.
(6) *Ib.,* a. 1.
(7) *Ib.,* 1a 2æ, q. LXXXVIII, a. 5.
(8) *Ib.,* q. XL, a. 6.
(9) *Ib.,* q. XLIV, a. 1.
(10) *Ib.,* q. XLII, a. 4.

s'habiller plus mal que les séculiers (1) ? Y a-t-il dans la poussière des cadavres une tendance à reprendre l'âme qui l'informait (2) ? Combien d'anges tiendraient sur une pointe d'aiguille ? Ce n'est pas un mal que le théologien sorte de la région des dogmes et explore les alentours : mais son voyage d'exploration ne lui sera profitable que s'il sait choisir ses sites, s'attarder aux endroits vraiment curieux et passer vite devant ceux qui n'offrent aucun intérêt.

Une fois les matériaux choisis, le théologien doit penser à la mise en ordre. Ce n'est pas une besogne de minime importance que celle qui consiste à organiser les questions théologiques en un vaste corps de doctrine, à les grouper suivant leur degré de parenté et à les mettre chacune à la place qui lui convient. Cette distribution méthodique aide la mémoire, plaît à l'esprit et favorise l'intelligence de la théologie. Il serait impossible de se retrouver en zoologie ou en botanique si l'on ne divisait les animaux ou les végétaux en embranchements, les embranchements en ordres, les ordres en familles, les familles en genres, les genres en espèces et les espèces en variétés. Au moyen âge, les Sommes théologiques se composaient de parties, les parties de questions et les questions d'articles ; de nos jours, on préfère parler de traités, de parties, de chapitres, d'articles et de paragraphes. Peu importent les dénominations. Les meilleures divisions logiques sont celles qui respectent le plus les divisions réelles. Pas de symétrie purement artificielle ; pas de nombre sacré. Les anciens théologiens affectionnaient à l'excès le nombre 3 et le nombre 7. Dans son commentaire sur les épîtres de saint Paul, saint Thomas a toujours trois choses à dire ; chacune de ces trois choses comprend trois points et chaque point comporte trois remarques. On ne voit pas ce que peut gagner la théologie à la monotone uniformité d'un nombre. Sans doute, il ne faut pas varier pour le plaisir de varier ; mais là où la variété s'impose, mieux vaut laisser de côté ses goûts personnels pour un nombre déterminé.

---

(1) *Summa theologica*, 2a 2æ, q. CLXXXVIII a. 6.
(2) *Ib.*, q. LXXVIII, a. 3.

TABLE DES MATIÈRES

1691-09. — Imprimerie des Orphelins-Apprentis, F. Blétit,
40, rue La Fontaine, Paris-Auteuil.

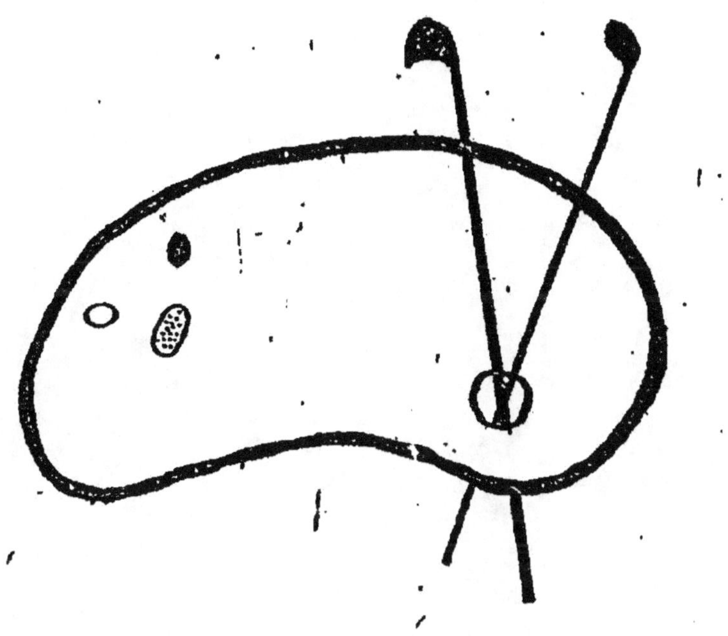

ORIGINAL EN COULEUR
NF Z 43-120-8

www.ingramcontent.com/pod-product-compliance
Lightning Source LLC
Chambersburg PA
CBHW051132050726
47594CB00003B/1052